SEL
社會情緒學習力

曲老師的實踐經驗分享

曲智鑛——著

推薦專文

生機盎然的情緒生態系統

林從一／國家教育研究院院長

知識可分為外在世界的知識、自我知識與對他心知識，第一種關於外在世界的事物，第二種是關於自己的心靈狀況，第三種關於他人的心靈狀態。認識或察知之前需要能準確分類與界定，嬰孩學習分類與界定通常需要他人（通常是養護者）的協助。學習者／教導者／認知目標三者形成一種三角定位（triangulation）關係，透過學習者與教導者針對相同對象不斷互動，學習者學會教導者口中所說指的是什麼，理解心中想的是什麼，其實，對初學者而言這三角定位是一種命名活動。

當三角定位的對象是外在事物，這定位是相對容易做的，但是，當定位的對象是自心或他心時，特別是情緒這類模糊的心靈狀態，三角定位的三端同時變得模糊，定位的困難度加大許多。

舉例來說，家長常常不知道孩子在「生氣」什麼，但生氣有各種樣態，例如飢餓伴隨的生氣、攻擊伴隨的生氣、失望伴隨的生氣、忌妒伴隨的生氣、仇恨伴隨的生氣、勇敢帶來的生氣、恐懼伴隨的生氣、寂寞伴隨的生氣、得不到愛帶來的生氣、不知怎麼辨伴隨的生氣……，不同生氣樣態彼此之間差異頗大，卻彼此重疊難以區分。加之，不同情緒類型之間又需要彼此定義，例如仇恨伴隨的忌妒、仇恨伴隨的攻擊……，模糊的概念彼此相互定義，模糊加上模糊，讓家長更難協助孩子察知、認識與界定情緒，無法界定又如何面對與處理？

認識情緒很困難，情緒太細緻太模糊，但是越能清楚察知情緒，越能了解情緒的內涵、意義，就越能知道如何與情緒共處，也正是因為不同情緒之間相互依存、彼此定義，情緒世界其實是一個生態系統，通常它是一個穩定的生態，僅僅是好好地認識它、陪伴它、關照它、照養它，不必太干涉，自然而然，它會發長成牛機盎然的情緒生態系統，生機盎然的情緒生態系統具有外溢效果，為他人、社會與自然帶來正面價值。

正是因為情緒太難認識，教導者常常錯誤標籤，例如面對孩子生氣，無法理解轉為不想理解，輕易就說生氣不好、愛生氣的人不好、愛生氣的人沒人愛、生氣傷人傷己、愛生氣的人莫名其妙……。不理解情緒，便容易朝「非理性」、「暗黑」的角度標籤，不理解就不知如何處理，無法處理便希望它不要發生或儘速消失，情緒於是乾脆被歸類為消極、負面、不正常的東西。

如何認識情緒？我認為，首要且主要的方法是創造「安全、全面且徹底地展現情緒」的機會。戲劇、運動、冒險、流浪、創作、歌唱、舞蹈……都是好方法，一如在舞蹈中，身體可以展現各種各樣的情緒，在戲劇、運動、冒險、流浪、創作與歌唱中，情緒可以隨著故事、角色扮演、移動、環境變化、聲音等等操作，安全、全面且徹底地展現出來。

曲智鑛老師這本《SEL社會情緒學習力》共分四部：第一部透過刻劃AI新世代的

情緒本質與挑戰，來說明情緒素養的重要性；第二部談情緒素養五大關鍵能力；第三部透過不同領域的情緒素養實踐者的案例，展現榜樣的力量；第四部透過刻劃家庭與學校的場域智慧，談情緒素養的日常實踐。

曲老師透過《SEL社會情緒學習力》展現了許多「安全、全面且徹底地展現情緒」的理念與方法，對於AI新世代家庭與學校SEL提供了深刻的理念視野與具體的實踐指引，我強烈推薦大家買來看。

序言寫到這裡，已經超過篇幅，但此書的問題主脈絡是「AI新世代的情緒本質與挑戰」，關心的情緒湧現，止不住再多說幾句。

網路世界九成九不是「安全、全面且徹底地展現情緒」的好地方。網路上有著海量的訊息，訊息潮夾帶著各種意見與判斷，常常迅不及防從四面八方捲來，青潮、藍潮、紅潮、白潮、黑潮、黃潮……交互襲來，彼此衝突卻沒有斷點，訊息海沒一刻饒過弄潮兒，此潮一時間便能湧你上天，彼潮半刻便能將你甩入深淵，偏見可以被無限容忍，錯誤可以被無限放大，你可以被任何人以任何理由讚美，也可以被任何人以任何理由攻擊，而常常只是讚美或只是攻擊，連理由都沒有，而你也越來越不想知道理由了。

對應網路世界的問題，我認為，越能培養以下能力的，越是一個「安全、全面且徹底地展現情緒」的平台：

1. 留白的能力：愛發呆、會流浪、能獨處……都是留白的能力，在網路時代，這叫脫網能力，越能脫網而仍舊自在自得的人，網路留白能力最強。

2. 反思的能力：其實就是透過反思自己身體、行動、語言、感覺、思想，與自己進行實質對話的能力。

3. 說故事的能力：當人們遇到極為混亂、偶然、生命毫無道理就忽然消逝、極端無助的處境時，第一個反應是「說個故事吧」，無論是心中想、提筆寫、開口說或隨口唱個故事。故事有主角、有配角、有背景、有主題、有情節、有軸線、有開頭、有結尾，從開頭到結尾有理可循，有路可通。世界的不可控、無差別傷害人、不可理解的混亂，人們在說故事的當下，抽身了，脫離了，遺忘了，舒緩了，安頓了。

其實，故事不僅讓無情無理的世界變成有情有理的世界，故事也能增加勇氣，特別是說自己的故事。每個人都應該說說自己的故事，有些故事是真實的延伸，有些故事是延伸出真實的虛構，但是作為人，每個人都應該是自己故事中的英雄，而英雄正是在災難中生出勇氣的角色。故事是亮光，越是黑暗，越需要說宏偉秀麗的故事，而你是其中的英雄。

4. 與自然互動的能力：自然是人類心靈的最佳模型。自然中沒有矛盾與不一致，感官感覺的內容也一如自然，融貫而不衝突，呈現在感覺中的世界，常常比呈現在思想中的世界，來得和諧融貫，讓思想以身體的各種感覺為模型，因此也能更為鮮明真實。

人類思想最珍貴的地方是自由，但這也是它的原罪，因為思想奔放的自由，讓思想常常脫軌，犯錯誤。讓思想以身體的各種感覺為模型，便能逐步將自然當作思想的模型，既然自然本身沒有矛盾與不融貫，以自然為模型，我們的思想與心靈也就越來越正確、一致而融貫。

5. 與真實世界互動的能力：讓我們從認識自我的實境練習法來談這個能力指標。練習是不斷地重複，而重複有兩種，一種是「脫離脈絡的重複」，一種是「咬合脈絡的重複」，前者的典型是概念的空轉，極端的例子是「自我重複」，後者的典型是在不同時空脈絡的實踐。實境練習法是一種「咬合脈絡的重複」。

「脫離脈絡的重複」沒有外在的摩擦，無法琢磨，只能自求完善自我。「咬合脈絡的重複」則不斷與外界溝通、協調、校正，而世界無情，只有「卓越」與「韌性」能從不斷的練習、不斷的實踐、不斷的環境校準、不斷的經驗挑戰中存活下來。換言之，在「咬合脈絡的重複」下，只有「卓越」與「韌性」能存活下來。

能從不斷的練習、不斷的實踐、不斷的環境校準、不斷的經驗挑戰中存活下來的，是一種跨領域、跨脈絡、跨時空而存在的東西，那就是你的本性。所以，練習既是一個朝向卓越的過程，也是一個顯現本性的過程，其實，越能呈現本性也就越有韌性。

推薦專文

從理念到日常：曲老與身生的靈魂共鳴

林欣宜／身生實驗教育機構負責人

在身生實驗教育還只是團體時期，我們便投入了大量心力，陪伴孩子在每一次選擇中停下來，與自己對話。我們會討論：你為什麼會做這個選擇？當時的想法是什麼？你在這個情境下的行為，怎麼影響了你的生活、你的學習？在意識到這些影響之後，你會怎麼決定下一步？而這個決定，意味著什麼樣的責任？

那時候，我們並不熟悉「情緒素養」或「SEL（社會情緒學習）」這樣的名詞，卻已經不自覺地在做這些事。我們看重孩子的內在覺察，重視他們如何理解自己與世界的互動，並學會為自己的行動負責。只是當時我們沒有那麼系統化的框架，也沒有一個共同的語言去描述它。直到三年前，我遇見了曲老。

第一次聽他談到他想推動的事情時，那份真誠與熱情讓我非常感動。他說，他一直在尋找一所願意全力支持情緒素養理念的學校，而當他了解我們在做的事時，也立刻感受到彼此的理念是契合的。那一刻，我很清楚，看似在不同路徑上努力的我們，其實是在同一條軸線上。

曲老的加入，讓原本就存在於我們的理念，變得更加徹底、更加生活化，也讓這個場域越來越接近我們所期待的模樣。如果說過去我們已經在道路上行走，那麼曲老就是那個幫我們把路上的石頭一顆顆撿起、指引更清晰方向的人。他不只是在推動理念，他讓理念變成日常中的呼吸與脈動，讓「情緒素養」不只是課堂上的一堂課，而是生活的每個瞬間都能被看見與練習的東西。

我非常認同曲老在書中提到的一個觀點：要推動情緒素養，必須先讓這個場域中的所有大人——包括家長與老師——把情緒素養的「DNA」刻進骨子裡。這不只是一套技巧或理論，而應該如同呼吸般，自然而然存在於生活中。情緒素養不一定要透過課程教導孩子，最有效的方式，其實是大人在生活中不斷示範——先學會自我覺察，再去改變那些自己不想要的行為，或選擇保留它們但不再被它們消耗。

而要做到這點，大人必須親身經歷過那段覺察與調整的歷程，並且足夠熟悉，才能真實地陪伴孩子進行同樣的練習。我們開始把更多的心力放在陪伴大人成為擁有情緒素養靈魂的人。在講座中，我們不再著重於「怎麼教孩子」情緒素養，而是持續陪伴家長與老師練習自己先做到。因為我們相信，唯有大人先做到，才能成為孩子最有力量的典範。同時，孩子與老師共同生活的場域，也必須提供支持自我覺察、允許犯錯的空間，才能真正推動並落實情緒素養。雖然這條路並不容易，但我深信它是可行的。多年來，我們在孩子身上看見了明顯的成長與改變，這些成果再次驗證了我們的信念。

讀曲老的書，對我來說並不是在「學一套方法」，而更像是在一次次與自己對話。書中，他透過許多真實的人物與故事，讓我看見不同的人如何在自己的生活歷練中，將情緒素養落實，甚至發揮得淋漓盡致。他們或許不是站在舞台中央的名人，卻在日常裡展現著深刻而細膩的力量，活生生地提醒我們：原來，生活本身就是最好的練習場。

我非常感念曲老能夠多年如一日，堅持推動他所相信的價值，並且一步步將理念落實在學校中。這份堅持，讓更多孩子能透過自我覺察認識自己、喜歡自己、接受自己。

這本書，記錄了曲老多年的思考與行動，也傳遞出一條真誠而有力量的道路。它不是一本只教你「怎麼做」的手冊，而是一個邀請——邀請你先從自己開始，練習覺察、練習轉化，並在日常生活中，用你的樣子，成為孩子最真實的榜樣。

如果你是一位教育工作者、家長，或是任何關心孩子成長的人，我真心推薦你讀這本書。願我們都能在這條路上，與曲老一起，把情緒素養活在生活裡，讓每個孩子都能在充滿理解與接納的環境中長大。

在快速變動的AI世代裡，我們都渴望被理解、被接住，也希望自己能夠接住別人。智鑛從生命出發，溫柔卻深刻地告訴我們，情緒不是麻煩，也不是需要壓抑的敵人，而是生命送來的訊息與禮物。本書透過真實動人的生命故事與可實踐的方法，牽著我們的手，一步步走進情緒的風景，看見自己，也看見他人。漫步其中，你會感到心變得柔軟、踏實，並找到在變動時代中安頓自己的力量，陪伴自己找到幸福。

——林偉文　國立臺北教育大學教育系教授、正向發展與社會情緒學習中心主任

在AI時代快速變遷的洪流中，情緒素養已成為影響孩子與家長幸福感的重要基石。認識智鑛多年，知道他一直走在教育現場的最前線，對孩子有深刻的理解與溫柔的堅持。這本書不只是理論的整理，更是他多年陪伴家長與孩子的心血結晶。面

對AI時代的挑戰，智鑛以豐富的教育實踐與專業研究，深入剖析情緒素養的核心內涵，並結合SEL（社會情緒學習）為家長與教師提供切實可行的指引，他用溫暖的筆觸，教我們如何在日常生活中陪伴孩子學會情緒、建立關係、承擔責任。閱讀這本書，就像聽智鑛在你身邊輕聲細語地說話，不說教，卻句句入心。這是一本寫給這個時代每一位大人與孩子的禮物，更是一本適合每位教育工作者與父母收藏的必讀之作。

——黃禮騏　臺北市VIS國際實驗教育創辦人

在AI浪潮席捲的動盪世代，社會情緒學習（SEL）已不只是選項，而是孩子立足未來的關鍵能力。孩子需要的不只是知識的灌輸，而是能在真實互動中探索內心、調節情緒，學會連結並承擔責任。當家長與老師無意間將焦慮轉嫁給孩子，我們剝奪的不只是成長機會，更埋下不安與混亂。閱讀《SEL社會情緒學習力》後，我更加確信：情緒沒有好壞，關鍵在於我們如何選擇回應；唯有大人先安定，孩子才能安心成長。

——藍偉瑩　瑩光教育協會創辦人

《SEL社會情緒學習力》不僅是一部理論與實務並進的教育書寫，更是一位教育行者多年帶領孩子「走出情緒、走入生命」的真實記錄。作者深知，在數位化、焦慮感高漲的時代，情緒教育不是補充品，而是孩子成長的根本力量。書中多次描繪他與孩子們在山海之間徒步行走——例如那場三十七公里的夜路旅程，不只是體力的挑戰，更是自我覺察、情緒調節與負責任決策的歷程。這樣的行走，是一種身體力行的情緒課堂；在腳步與汗水之間，孩子不只練習堅持，更練習傾聽自己與理解他人。作者以一位真正的「行者」之姿，將抽象的情緒素養轉化為具體可感的生命學習，讓身體、心靈與群體關係相互對話、共同成長。這本書提醒我們：唯有身體走過、經歷承擔，情緒的力量才會內化為真正可用的行動智慧。

——鄭漢文　東台灣研究會文化藝術基金會董事長

前言

在快速變動的時代，重新定義成長的基石

二〇一九年出版《曲老師的情緒素養課》一書時，當時臺灣還沒有什麼人用情緒素養一詞談論社會情緒學習（social and emotional learning, SEL），幾年過去了，情緒素養一詞已有越來越多人用來代稱SEL。

《曲老師的情緒素養課》完整呈現了我十多年來陪伴孩子面對核心課題的心路歷程，透過許多案例分析說明在面對不同特質孩子的核心問題時，我們可以怎麼做，我相信理解這套技術就能在生活中陪伴孩子鍛鍊其核心能力，無論生活管理、情緒調節和社會技巧都能有效得到提升。

在《曲老師的情緒素養課》付梓後，我的專業工作並沒有停歇，加上更有意識的書寫，讓我對於情緒素養這個題目有更深層次的省思，有鑒於此，希望透過《SEL社會情緒學習力》讓更多大人知道如何在後網路時代，在陪伴孩子長大的同時，也更有能力關注自身的心理健康，能在快速變動的時代保持平衡。

我在本書中會從巨觀談到微觀，讓大家理解為什麼這個時代情緒素養更顯重要！同時，我訪談了不同專業領域的佼佼者，期待讀者或許能從他們的生命故事得到啟發，希望這本書能成為陪伴每個人，不僅是親師陪伴孩子，也是親師本身自我認識和厚實情緒素養的重要夥伴。

在《曲老師的情緒素養課》中就提到當年（二〇一九）新課綱和社會與情緒學習間的關聯性。二〇二五年一月教育部頒布了《社會情緒學習中長程計畫第一期五年計畫（一一四年至一一八年）》，我看到時非常有感，計畫中有一段提到：「十二年國教課程綱要是以核心素養為課程發展的主軸，核心素養三個面向為自主行動、溝通互動、社會參與。這與社會情緒學習的五個面向內涵相近。

例如，社會情緒學習中的自我覺察與自我管理與核心素養中的自主行動內涵概念相近；社會情緒學習中人際關係與核心素養的溝通互動內涵概念相近；社會覺察與負責任的決定與核心素養中的社會參與內涵概念相近。

計畫中這段話與七年前我書中提到的概念相近。這些年在現場落實社會與情緒學習教育的體會是，自我覺察是一切行動的基礎，自我認識是人際關係的基礎，沒有社會覺察的能力，再好的技巧都很難派上用場。

此外，我也想建議《教育部社會情緒學習中長程計畫》應參考《十二年國民基本教育身心障礙相關之特殊需求領域課程綱要》中的〈社會技巧〉，當中處己、處人、處環境的論述和社會情緒學習的五個面向更緊密相融。社會情緒學習是以情緒為基礎，涵蓋學習有關人際互動、同理關懷他人、道德責任等知識、技巧、態度、信念的教育過程。

學校教育應致力於幫助學生自我理解與認同，並培養溝通互動能力與同理心。數位化與人工智能迅速發展，數位工具雖可能帶來學習效能的提升，但也為教育環境帶來挑戰，像是現今學生注意力普遍不足、網路成癮、網路霸凌以及人際關係疏離等問題。

《國際學生能力評量計畫》評比結果顯示，臺灣學生學習成就優異，但在學習動機、自信心以及生活意義感等情意方面表現卻相對低落。考試導向、偏重學科考試、忽略社會情緒知能的發展與培養，孩子在學習上主要基於義務動機，而非真正愛學習。

尊師重道的文化讓孩子對大人較容易採取服從的態度，較少表達個人意見。長期潛移默化的壓抑容易讓孩子迷失自我，忽略自身的感受和想法。而所謂負責任的決策是要更有意識支持高關懷與弱勢學生，這些孩子需要更充分的社會情緒支持環境，學校除了學習、經濟支持外，更要有意識的提供社會情緒學習相關資源。

此外，《教育部社會情緒學習中長程計畫》中提到對應中小學課程與社會情緒學習的關係，其中綜合活動領域與健康與體育領域，跟社會情緒學習的課程內容相近。

看到這裡，大家應該就更理解為什麼曲老師這些年要帶孩子們上山下海、去旅行、運動和爬山了吧！無論如何，努力了那麼多年，看到大環境也朝自己一直關心與深耕的領域前進，心裡還是挺開心的。在閱讀新書之前，有興趣多了解情緒素養的朋友可以先參考《曲老師的情緒素養課》喔。

目錄

第三部

榜樣的力量：不同領域的情緒素養實踐者

第四部

情緒素養的日常實踐：家庭與學校的場域智慧

第一部

擁抱情緒素養，理解AI新世代的情緒本質與挑戰

AI浪潮下，我們暴露在比以往更多的網路風險中，在這個過曝時代，資訊量爆炸、生活沒有斷點，人的壓力持續增加。

理解情緒本質，提升情緒素養將成為每個人生存的重要關鍵！

1
AI時代的環境變遷與社會情緒學習的崛起

二〇二五年春季的英國影集《混沌少年時》引起社會大眾廣泛的討論。其實我身邊就有像劇中主角一樣的個案，透過這部影集，我可以和孩子把自己擔心的事情說清楚。有孩子告訴我，他也曾經像劇中的男孩一樣，想要殺了同學們！而且他想殺的人更多！

網路時代的風險

網路時代，我們每個人都暴露在風險之中。網路可以是我們學習、人際互動的工具，但它也可能會帶來傷害。首先，網路沒有分級，這讓這個世代更快速、更廣泛的接觸到各種知識、觀念，不管它是對的還是錯的，也不管它是真的還是假的。但是每個孩子的身心狀態、思維能力不見得能駕馭這些知識和觀念。這樣的狀態容易讓身心失衡！

大量的資訊充斥在自己身邊，快速變化的不確定性讓人容易處在焦慮之中。如果運氣再差一點，在網路上接觸到具有毒性的群體，那麼就可能越來越趨向極端。這不只是成癮於遊戲那麼簡單。在《失控的焦慮世代》書中就提到，美國的統計數據發現，青少年罹患精神疾病的人口逐年上升，女性又比男性增加的比例更高。

網路、社群媒體也成為現代孩子社交複雜度持續上升的主因。以前的我們只要在生活中（實體環境）搞定人際關係，現在的孩子還需要有能力處理好自己在網路世界的關係。在這個時代，人與人間的矛盾與衝突沒有斷點，因為網路讓我們生活中的不同情境可以無縫接軌，這是多麼可怕的事情，任何的錯誤都可能被無限放大，甚至被你這輩子完全不相干的人批判攻擊。

《混沌少年時》中的小男孩傑米（Jamie）就在這樣的環境裡慢慢陷入泥沼之中，遭遇同儕霸凌的同時，他也形塑了一個極度負面且錯誤的自我概念。就如同劇中傑米因為Incel[1]而受到霸凌，這些年個案輔導的經驗讓我真的很痛恨這個概念，因為它曾讓我身邊一個好好的大孩子身心失衡、生活失序、功能退化無法自理，並且出現輕生行為。

問題的可能根源

在這個網際網路與社群媒體唾手可得的時代，孩子們大量暴露於風險之中。大人在教養時應該要讓孩子清楚知道，絕對不要因為自己遭遇困難就用Incel這些網路用語標籤化自己。因為每個人都是獨特的個體，沒有任何標籤能將我們與他人劃分開來，面對困難，要有能力檢視自己非理性的信念，實事求是的想辦法、找資源來解決問題。

劇中的十三歲小男孩傑米為什麼會拿刀捅死自己的同學？為什麼他會出現那麼極端、殘忍的行為呢？其實就像我在《不讓你孤獨》書中提到的不健全的依附關係、天生特質造成的社會性互動與溝通困難、再加上突發性的刺激，就有可能讓人走向極端。

殺人是不能被接受的行為，這個後果我們沒有人願意承擔。我能感受傑米父母親的痛苦和懊悔，事件發生後的那些自我檢討，原本陽光的小男孩開始每天關在自己的房間玩電腦，「如果我們更早介入，事情是不是就不會發展成這樣？」但一切都來不及了。對於劇中殺人的孩子遭遇同儕霸凌感到不捨，尤其是那些潛藏在網路上的

1 Incel 指的是非自願獨身者，英文為 involuntary celibate。源於西方網路用語，又稱為 true forced loneliness（簡稱 TFL）。剛開始是分享與異性相處負面經驗的論壇，越發盛行後，Incel 演變為統稱「想要與異性發展關係卻長年沒有機會，並將問題責怪於性別或社會問題」的人，大多為男性。

惡意與嘲諷，是這個環境形塑了他。

這些年，我常和孩子們說：**不要自己一個人承擔**！這個世界是有惡意存在的，我們每個人都有可能遭遇困境，不只現在，在未來的生活中，如果遇到自己無法處理的問題，請記得求救！

《混沌少年時》是一部幾近寫實的悲劇，但看似誇張的劇情其實和我們很近，而且越來越靠近。它提醒了我們，後網路時代、AI時代生活的壓力與風險！想想看，我們的孩子有沒有能力辨識與因應這樣的風險？對我來說，情緒素養能有效平衡與對抗這些挑戰與壓力，是現代人不可或缺的核心能力，不僅孩子，大人也需要。

2

重新認識情緒素養：情緒的本質與學習路徑

前言提過，二〇二五年一月，教育部頒布了的《社會情緒學習中長程計畫第一期五年計畫（一一四年至一一八年）》，其中有一段提到：十二年國教課程綱要是以核心素養為課程發展的主軸，核心素養三個面向為自主行動、溝通互動、社會參與。這與社會情緒學習的五個面向內涵相近。

《社會情緒學習中程計畫》中也提到，對應中小學課程與社會學習的關係，綜合活動領域與健康與體育領域和社會情緒學習的課程內容相近。長期追蹤我臉書的人應該就更能理解，為什麼我這些年透過各式各樣的活動設計讓孩子在生活中學習了吧！學期間的體適能訓練、登山訓練、寒暑假的移地訓練，用意都在於讓孩子們在生活中落實社會情緒學習的練習。對我來說，教育部的中程計畫就是對我這些年努力最好的肯定！

我在書中整理了二〇一九年至今對於社會情緒學習持續的實踐與省思，並彙整相關的實際案例陪伴讀者自我修煉，讓父母與師長有機會在本書的陪伴下成為一位預備好的成人，藉由身教創造預備好的環境陪孩子們長大。

情緒的本質與重要性

社會情緒學習（social and emotional learning，以下簡稱SEL）從字面上來理解，包含的是社會或社交（social）以及情緒（emotion），對我來說，這個概念除了關注個體，也重視個體在群體中的狀態，這是social最重要的意義。換句話說，人是不能獨立存在的，人的狀態會受到環境的影響。當年提出這個概念的心理學家，也就是

《EQ》的作者丹尼爾・高曼（Daniel Goleman），在深度剖析人類的情緒之後，在《未來教育新焦點》書中提出要幫助孩子培養認識自己、理解他人和解決問題的能力，也就是現在受到廣泛討論的SEL的基礎框架，我們可以試著從情緒的本質再次了解當中的概念。

我在《曲老師的情緒素養課》中就特別強調情緒是自然、中性的概念，在我的觀念中，是沒有負向情緒、正向情緒的，所有的情緒都應該被接納、被尊重，因為這些情緒都是人類與生俱來天性的一部分，甚至有其意義與功能。情緒是將人的內在狀態外顯化，可以說是一種互動溝通系統，讓身邊的人有機會更快掌握互動對象的重要依據。此外，情緒也是一種代謝機制，釋放內在壓力，讓個體的身心能保持平衡，不難想像，沒有出口或是刻意壓抑的個體很容易在過度積累的情況下「爆炸」。

情緒沒有好壞，行為才有

奇怪的是，雖然情緒對人類來說非常重要，但是生活當中、從小到大隨處可見人類對於自我、他人情緒的壓抑或壓迫，彷彿是要讓人覺得情緒是不好的，有情緒是罪惡的，這樣的對話隨處看見。舉例來說，看見孩子在哭，我們的第一個反應是什麼？會給他一段時間抒發、整理自己的心情，還是會希望他儘快安靜下來？我想絕大多數的人應該本能的會選擇後者吧！要不就壓抑、要不就安撫、再不然就是想辦法轉移注意力。其實這些做法都反應了我們的社會並不接納情緒，認為情緒代表失控、失序、不可預期和混亂，在這個高度控制追求效率的環境，情緒就是亂源，這樣的潛意識使我們不自覺的習慣選擇忽視和壓抑自身的情緒，也讓全人類變得越來越不健康！

我認為大多數人都搞錯了，大家忽略了情緒對人的重要性，給情緒貼上負面的標籤！情緒沒有對錯、沒有好壞，需要給予價值判斷的是情緒帶來的行為反應。就像我常對孩子們說的，生氣不代表一定要破口大罵，也可以「選擇」好好說，這在探討情緒時絕對不可忽略。所有的情緒都應該被接納，情緒帶來的行為反應才需要被評價。

每個人都有不同的情緒資料庫，除了常見的情緒與反應外，要記得，每個人因為本身特質、後天環境的影響而養成他獨一無二的情緒系統。其實每一個人都不一樣，像是看鬼片這件事可能讓你害怕、焦慮，卻可能讓有些人覺得刺激、興奮和開心。

情緒也受到情境的影響，就算是相同的刺激，當個體身處不同情境、不同狀態，都可能引發不同的情緒反應。舉例來說，一樣都是爸媽在碎唸，有時候你可能會直接翻白眼表達無奈，有時候你卻能欣然接受，造成差異的原因並不是外界刺激不同，而是個體內在狀態所造成的差異。

此外，情緒若沒有出口，積累久了，系統就會癱瘓，不僅沒辦法有效處理生活中的問題，還可能帶來不可逆的後果和傷害，所以情緒調節是非常重要的生存能力。

「時間」是面對情緒的重要策略

前面提到情緒是一種溝通系統，人與人的互動若抽離情緒的表現，那會是多麼可怕的事。情緒就像一種能量，會從自己身上傳遞到他人身上，當對方接收到之後，通常也會本能的回彈，甚至轉化後加倍奉還。也因此，我們在與他人互動溝通時，要有能力審視、覺察自我當下的情緒狀態，如此才能拒絕在事件、議題中失控，而非受情緒干擾後看不清問題的本質。

情緒的個體差異除了源自於每個人獨特的特質外，也深受個體身處的環境及文化影響。即便我們熟知許多情緒理論，都不應該不假思索的套用這些概念在不同的孩子身上。此外，早期對情緒的教育強調可以從表情、肢體語言來判斷他人的情緒，在研究上已經打臉這種說法，實際上並沒有證據指出人類的表情和情緒能直接對應。

在與孩子、家長、教育工作者合作的這二十年間，我發現面對情緒最核心的策略就是尊重、接納、等待與順勢而為，而影響這些策略的核心其實就是「**時間**」。時間能淡化情緒的強度，讓我們從情緒的高峰緩緩平復，每個人都有這項內建的情緒調節能力和自癒力，差別在於有些人比較早就掌握到其中關鍵。情緒的這項特性提醒了我們，要留時間給情緒，留給我們，也留給他人。這個道理的應用在情緒教育中隨處可見，我們都常聽到，在情緒高漲的時候不要急著決定和行動，替自己爭取緩衝的時間，就是這個道理。至於有些人比較早掌握這項能力，並不代表這個人擁有情緒調節的天份，因為根據近代情緒理論，情緒能力是透過學習而來，而學習的起點是從還在母親的肚子裡就開始了。情緒是我們所處的社會共識、文化與教養下的產物。

雖然在閱讀本書的大家早已脫離母體，但這不代表已經無藥可救，情緒建構理論應該能讓我們對培養孩子的調解能力更有信心，因為情緒能力是透過學習養成的，那麼現在開始一點都不遲。

理解情緒建構，學習辨識情緒

在探討SEL時，我們需要再次釐清對情緒的理解，因為這些理解會對我們的行動帶來直接的影響。《曲老師的情緒素養課》中對於透過經驗學習圈的概念陪伴孩子自我認識和提升情緒素養有清楚的說明，對我來說，每一次的情緒經驗都是重要的學習機會，只要身邊能有穩定、有意識與具有信任關係的大人存在，那麼經驗後的覺察與反思就會變得非常有價值。

在建構主義的觀點中，情緒建構論包含三個面向：第一、社會建構，聚焦於我們如何與世界互動；第二、心理建構，聚焦於我們的思想和感受；第三、神經建構，有助於我們理解大腦是如何連接的。情緒建構理論由神經科學家麗莎・費德曼・巴瑞特（Lisa Feldman Barrett）博士提出，她認為整個大腦以及身體都參與了情緒的建構。

情緒詞彙、情緒概念是幫助我們辨識情緒的工具。情緒的學習類似於語言習得，在出生前，大腦就開始根據經驗接收訊息。在每一次的經驗中，大腦都會感知來自身體的感覺，並試圖對這些訊息加以分類。隨著成長和經驗累積，我們會繼續對它們進行分類，並（或）向這些類別中添加新的訊息，這些類別可以稱為概念。

簡單來說，大腦從身體接收的訊息被稱為內感受，即大腦將來自感官的訊息解釋為概念，而語言是概念形成的重要組成部分。隨著更多概念的形成，大腦開始根據內感受訊息以及我們所處的背景或情境進行預測。這些概念是大腦對其接收到的所有感覺和訊息賦予意義的方式。

我們是透過情緒概念來感知情緒體驗，如果沒有強大的概念系統，我們感知情緒的能力就會嚴重減弱。換句話說，我們擁有的情緒概念越具體，我們在預測、分類和感知情緒方面就有越多的選擇。有越多的選擇，我們的大腦就可以預測更有效的回應。

情緒智力是讓我們的大腦在當下情境中建構最有用的情緒概念，我們擁有的情緒概念越多，用於預測和感知情緒的選項就越多，也為我們提供了更靈活、更實用的回應方式。為了幫助我們的大腦有更多的選擇，我們需要獲得更多的概念。增加概念的最簡單方式是學習新的情緒詞彙，因為概念的創建與語言有著密切的聯繫。

每種情緒都與大腦可以用來預測情緒實例的情緒概念相連接。如果沒有概念，就沒有機會預測這種情感體驗（emotional experience）。概念就像工具包裡的工具，如果你沒有這個工具，你就不能使用它。增加情感詞彙就像是在工具包裡添加工具。

情緒粒度與詞彙

在《社會情緒學習教室：理解與培育學生的新途徑》這本專書中引用了巴瑞特教授《情緒跟你以為的不一樣》書中的情緒粒度（emotion granularity）概念。所謂的情緒粒度是指能夠標記和定義情緒經驗，並確定該經驗與其他類似經驗有何不同的能力。例如失望和氣餒的差別，了解這些詞的定義是有幫助的，更重要的是知道它們之間的區別，並能夠利用自己的經驗來區分兩者之間的不同。

這些差異雖然細微，但擁有情緒粒度意味著個體能明確地辨識這些差異，並在評估自己對某一情境的感受時運用這些區別。我們也能透過結合或創造新的概念來增加情緒概念。語言與情緒概念的形成有密不可分的聯繫。

假如我們沒有這個詞彙，我們的大腦就沒有能力預測這種情緒。如果我們經常使用這個新詞彙，它就會成為我們情緒概念的一部分，並可以被預測。也就是說，擴大我們的詞彙量就能擴大我們的感知經驗。

這也代表了在遭遇情緒經驗後，對話與引導反思能更有效地將體驗轉化為情緒概念，厚實我們的情緒素養，幫助我們未來有機會更精準的預測（覺察）自身的情緒和更有提升自我管理（調節）的能力。

簡單來說，情緒素養是可以練的！它的重要性不亞於認知學習，在研究上發現具有穩定的情緒素養對認知學習也有幫助。但很多大人仍不明白，依然過度投入認知學習，輕忽孩子核心能力的培養，實在可惜。在這個快速又高壓的時代，不能輕忽情緒素養的重要性！

社會情緒學習五大面向緊密交織

談到情緒素養，我們也可以從致力於推廣和研究社會情緒學習的美國非營利機構CASEL（Collaborative for Academic, Social, and Emotional Learning，學業和社會情緒學習組織，以下簡稱CASEL）的定義來看，SEL是由五個面向組成，五大面向分別是：自我覺察、自我管理、社會覺察、關係技巧、負責任的決策，會在第二部詳述。但真實的情境當中，這五個面向通常會是緊密交織。舉例來說，一個孩子要做出負責任的決定，承擔決定後的責任，那麼他就需要對自己眼前的情境有足夠的覺察能力，這當中必然涵蓋自我覺察與社會覺察，然後在決定的當下反應多半可能涉及自我管理和關係技巧的展現。

這個歷程通常是複雜的，有可能孩子需要反覆的覺察自己當下的狀態，依據當下的狀態隨機應變。因此，雖然本書在敘寫時特別將五個面向分開來，但請記得，社會與情緒學習能力的展現很多時候是這五個面向交互作用的結果。

舉例來說，我和孩子們一起去臺東徒步旅行時，有一天預訂要走三十七公里，我們晚餐後其實還剩下十九公里路程才會抵達休息點。

晚餐後我們開了全員大會，目的是確認誰要和曲老師一起再走十九公里到民宿，這個決定非同小可！一定有人會說，這有什麼好討論的？說真的，二十年前我可真的沒有在跟孩子們討論的，全員完成目標對我來說是內建的基本設定，就連有人沒辦法完成都會讓我有些情緒。這樣的團隊文化持續了約莫十多年，近幾年開始有些改變。

不是我變仁慈了，而是這些年在對教育想法上的自我辯證，讓我開始產生了不同的看法！簡單的說，讓每一個人追求共同的目標，本身就不是一件合理的事！畢竟每個人存在著極大的差異，這裡指的是內在差異、生命經驗的差異、目前狀態與需求的差異。

在出發前，我給夥伴們兩個選擇，我告訴他們這是人生中重要的選擇，所有孩子聽得專注，因為沒聽清楚的後果不堪設想。其實在討論前我就開始放出風聲，等等可能會有人搭火車。

第一個選擇比較簡單，就是跟曲老師一直往前走，再走十九公里完成任務。第二個選擇是和其他老師到最近的太麻里站搭火車前往康樂站，下車後再走約莫五公里抵達民宿。想當然，大部分的孩子會選擇搭火車。

在這個討論前，孩子們都已經走了十八公里，對我來說即便是搭火車，最後也會走到二十三公里，對於前兩天睡很少的人來說已經是不小的挑戰。如果又是第一次來參與徒步旅行的，我相信一定更是煎熬。其實以體能和耐力來說，我心裡有一份走完三十七公里的名單，但就像前面說的，這是哲學觀的改變產生的決定。

我和孩子們開玩笑說：「再給大家一分鐘考慮，因為這是你們人生中重要的決定！不要多年後回頭來看有些遺憾。」當然，我知道這是屁話，畢竟我自己就不太認同這句話，但為了刺激孩子們認真做出選擇，還是需要一些戲劇效果。但在孩子們做出選擇準備出發前，我又偷偷混了一個概念在這個決策過程中。

我對孩子們說：「我這兩天有默默觀察大家的消費習慣，有些人在便利商店狂買垃圾食物，而且錢花得很兇，等等選擇搭火車的同學需要買車票，如果你的錢花完了，沒有預留一筆緊急備用金，那麼就沒辦法買票搭車了。」其實，我很清楚誰已經把錢花完了！這個條件是為了提醒孩子平時消費的習慣，畢竟我們也才出來兩天，就有人真的已經把錢花光了。

孩子沒想到車票只要二十元，他們還沒有向別人借錢的觀念，就只好做出單純的選擇：跟曲老師一起走路到民宿了。

我認為孩子基本上都是求好的，從他們做決定的歷程可以知道他們此時此刻最大的顧慮以及潛藏在這些表面行動下的特質。舉例來說，我在中午就評估應該無法走的孩子，在救援車到場後，他仍堅持要自己走完。這也難怪他過去在學習時給自己那麼大的壓力了。還有孩子說，「過去來徒步旅行，因為身體不舒服有搭了一段車，現在想想真的有些遺憾，這一次不想要再有一樣遺憾的感覺，所以想要把今晚走完！」

這個決策的歷程是我和孩子們在SEL能力的展現，在持續自我覺察的歷程中做出負責任的決定，甚至有些人是在缺乏金錢自我管理下只能做出走到最後的決定。如果我們把時間拉長來看，每一個當下都可能對孩子的生命經驗有所觸發，也會帶來影響。

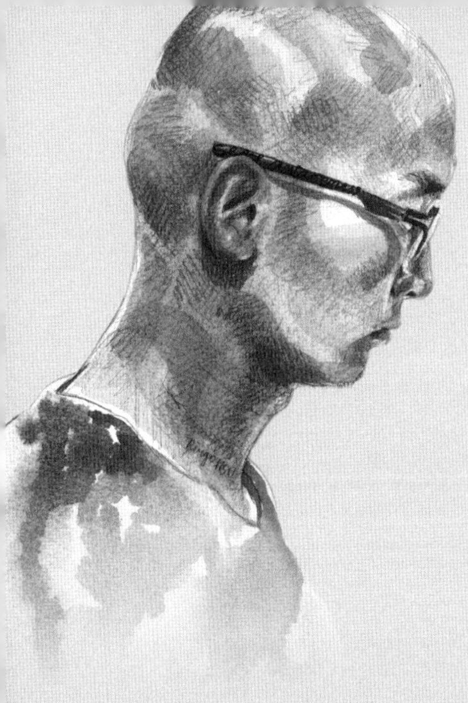

第二部 情緒素養五大關鍵能力

自我覺察，是認識自己的情緒和內在狀態；
自我管理，是掌握情緒與壓力的主控權；
社會覺察，是理解他人的感受與觀點；
關係技巧，是建立與維護良好的人際關係；
負責任的決策，是在通盤考量下，做出明智的選擇並加以承擔，
這五大能力是情緒素養的基本要素。

3

自我覺察：認識自己的情緒與內在狀態

過去許多人會將社會情緒學習定義為**非認知能力的培養**，但從我二〇一九年開始透過《社會情緒學習工作坊》落實我對於SEL的理解後，就越來越清楚知道這是一個仰賴認知思考的學習歷程。不能單純的把「社交」和「情緒」歸類為非認知能力，因為這樣容易誤導大家。要落實社交和情緒的學習其實非常需要認知能力的運作，甚至是有別於我們所熟知的「那種」認知能力。

舉例來說，自我覺察需要意識到我自己現在的內在狀態，辨識情緒與自我對話的歷程就屬於一種認知活動。而自我管理強調的是執行功能的展現，從計畫、組織到執行，一系列的過程也都是過去認知心理學探討的範疇。社會覺察、關係技巧是在理解他人的基礎上進而選擇合適的方法與他人互動，要能理解他人的感受和狀態並做出適當回應，倚靠的當然也是更高層次的思維能力，這個過程需要預測和推理，是持續、快速的認知思考歷程。負責任的決策當然也需要邏輯思考，而非單純憑藉感覺行事。

過去的研究常容易給人一種錯覺，因為社交和情緒相較於傳統的認知研究比較不容易被量化、被測驗，以致令人誤以為社交和情緒有別於傳統的認知能力，但其實它們和認知能力是密不可分的。

從大腦的結構來看，掌管認知的前額葉和調節情緒的邊緣系統兩者並不是對立的系統，而是高度協作的。近代的研究不斷提出語言和認知能力是調節情緒的關鍵，情緒甚至能在不同情境中引導決策。簡單來說，情緒能引導認知思考，而認知思考能幫助我們感知和調解情緒，這也正是要能落實SEL的關鍵！

過去這六年，我透過大量引用被社會大眾廣泛討論的生活實例，結合孩子們生活中、不同生命階段的課題當作情境，輔以概念性的框架和策略讓他們能夠藉由認知訓練，透過對話和實作磨練自身的社會情緒學習。舉例來說，利用情緒儀表設計情緒辨識的遊戲體驗，讓孩子練習將抽象的情緒具體化。介紹認知偏誤的概念，讓孩子練習運用調整詮釋事情的方式來改變心情。透過生活中的兩難情境，陪孩子們練習覺察自身的價值觀，讓孩子們能更有意識的選擇和行動。

就讓我們先一起進一步認識社會情緒學習的五大關鍵能力吧！首先，我們從自我覺察開始談起。

自我覺察是SEL的基礎

自我覺察（self awareness）是指**理解自己的情緒、想法和價值觀，以及它們如何影響行為**。我們的身體狀態和精神狀態是相互影響的，自我覺察必須能夠客觀看待自己，需要擁有感受的能力，反思過去與內省，培養自我覺察的能力需要時間和經驗。

自我覺察是SEL其他四個面向的基礎能力，亦即，自我覺察是情緒素養的基礎，它和自我管理、社會覺察、關係技巧與負責任的決策交織在一起。了解自己的價值觀就可以做出符合價值觀的決策，了解自己就更容易知道如何決策可以幫助管理心情、情緒或壓力有關的行為，了解自己也更能展現社會覺察與他人建立關係。

自我是一個持續變動的概念！到底什麼是自我呢？

自我概念可能由多種特徵組成，例如喜好、厭惡、擁有的角色和責任、做出的選擇、道德觀和信仰、外表、文化身分以及許多其他特徵。我們也會參照他人對我們的評價來認識自我。

自我是對「自己是誰」的一個感覺，它隨著時間的推移而持續存在，就好像它是自己的本質一樣。自我實際上並不是孤立存在的，我們需要他人來協助定義自我，因為我們的大腦透過思考我們與其他人的互動來做出預測。我在《曲老師的情緒素養課》中也特別提到，**自我是處於變動的概念，需要仰賴持續的覺察定錨**。

與他人的互動對於幫助我們定義自我是重要的。基本上，自我概念是由我們過去的經驗，來自我們身體的訊息（內感受）以及當前情境共同形成的，這些都是大腦進行預測的依據，其中也包括了我們與他人的互動。我們的自我是我們的過去、現在和未來的總和。

我們可以透過以下的一些提問幫助自己練習自我覺察。像是：我的興趣和優勢是什麼？我的自我認同是什麼？我最認同哪種文化？我的核心價值是什麼？我可以在哪些方面改進？我有哪些偏見或是刻板印象？

如何更有效的進入自我覺察？

自我覺察需要練習獨處，將注意力放在自己身上，嘗試和自我對話。過去這十多年，我常會在週日帶孩子們去爬山，在寒暑假的營隊活動中，無論是定點旅行還是徒步旅行都有長距離行走的安排，這些訓練活動安排的目的都是讓孩子有機會和自己相處，即便是一群人一起走，但每個人仍然「獨自」走在自己的道路上。

對我來說，這段期間，即便孩子不斷抱怨，他們仍然在練習與自我對話。我認為爬山和長距離的徒步，都能有效讓人進入覺察的情境。在撰寫本書之餘，我開始更有意識的希望找到更多方法能讓人專注於自身，和自己對話。**除了登山和徒步之外，寫作是我幫助自己覺察的習慣。**

十多年前我就開始嘗試透過書寫與自我對話，只要生活中有感觸、有想法、有疑惑的，我就會留一段空白的時間給自己，與自己獨處，把內在狀態用文字整理起來。不見得每一次的整理都是完整的，或是每一次的整理都能有清楚的脈絡或解答，但我知道只要花一小段時間梳理一下自己的狀態，就能帶給自己平靜。

這也是過去八年來，我每年聚焦在一個主題書寫的原因，從《不孤單，一起走》、《曲老師的情緒素養課》、《星星的孩子其實可以更好》、《讓孩子做學習的主人》、《天賦就是你的超能力》、《不讓你孤獨》、《ADHD 新解：展現注意力多樣性的行動造夢者》和《用表演點亮生命的光：何歡劇團愛的小事》。

這每一本書都陪伴我度過人生中的一段時光，讓我過動發散的大腦有明確的目標，讓那些跳躍性思考，天馬行空的念頭能加以系統性的整理和收納。在過去這八年，每一個主題寫到一個段落後都會有找出關鍵訊息的感受，就像是在解謎一樣。對我來說，寫作也是自我覺察的訓練，一樣有療癒的效果。

當心不能集中時，就會落入煩惱中

我們的心通常是散亂的，就像奔騰的水一樣，當心力分散，我們就無法清楚的覺察。雖然分心是常有的狀態，但能藉由學習聚焦。我認為覺察需要情境，幫助我們更有效地進入覺察狀態，在日常生活中需要養成「停頓」的習慣。

過去這段期間，我發現有些情境能幫助我們更將注意力放在自己身上，像是滑雪、滑冰和滑板，我們因為害怕跌倒，意識會特別集中，而在從事瑜伽運動和健身訓練時，教練總會引導我們要注意自己身體的狀態，無論是用力的位置還是疼痛不適的地方，都是在訓練我們注意力要集中在自己身上。

在持續從事這些活動的同時，讓我們慢慢建立專注於自我的習慣，對我來說這就是覺察的基礎。一定有人會抱持疑問，難道只要從事這些活動就算是覺察了嗎？我認為這是很接近覺察的狀態，但還不算是真正的覺察，**所謂的覺察是當我們在從事這些活動時，因為將注意力回歸自身，除了專注當下，也開始慢慢能與自我對話，是由形（行動）入心的歷程。**

一個佈置好的環境，一個一個程序、動作，讓人能慢慢專注於自己的狀態，這個歷程能和自我對話，讓心慢慢平靜下來。放空、覺察和正念在這個過程中自然地交替輪轉。每一個人的節奏不同、進度也有所不同。

茶藝、茶道也是讓我們進入這種狀態的媒介和情境。每一口茶的香氣都是獨特的，我們在品味的過程中也正將自己抽離，抽離煩惱的事物，抽離我們的各種身分。任何的「道」都需要程序，程序是讓自己進入那個狀態的預備。就像泡茶時不用頭腦思考，動作熟練後自然就能反應過來。

就像電影《日日是好日》中的茶道老師由摺帛紗開始教導，拿水杓、燒水、沏茶到品茶，每一個步驟都需屏息靜心。老師要學生先放下對於動作的疑惑，動作和步驟只是表面，不需要用腦袋分析，一旦習慣了，自然就得心應手，這就是所謂的由形入心。

專注時連沏茶時熱水和冷水的聲音，聽起來也會有所不同。覺知每一口茶入口時細微的差異就是一種覺察的練習。茶道是一種情境，幫助我們更快進入覺察的情境。

覺察之道

那麼什麼是覺察的道呢？我該怎麼樣進入這個狀態？我該怎麼樣讓其他人進入這個狀態？這是本書探討的主題，也是SEL的基礎。

每個人進入這種狀態的方式可以不同，因為就算在同樣的情境做同一件事，每個人的領悟也有所不同。覺察講究的是向內學習，覺察不只是思考，而是用身感受、用心體會與用腦思考混雜的狀態，這個歷程是認知也是非認知的。

《日日是好日》中提到人生中有「馬上明白」和「不能馬上明白」的事情。所謂「馬上明白」是指過目即曉，「不能馬上明白」指的是有些事總要經歷和經過時間的洗禮，才能明白其深層涵義。對於「不能馬上明白」的事情不必急於明白，持續地覺察是關鍵，而時間是成長的見證。日日是好日是正念、是專注於當下，倚靠持續的覺察而非單純用腦思考，覺察讓人更有意識的屏除雜念，茶道則是幫助我們更快速進入覺察的媒介。

韓國影帝河正宇用走路的時間與自我對話

從二〇二三年開始，寒暑假我們都會帶著孩子們徒步旅行。為什麼要走路呢？對我來說走路是能幫助自己進入覺察狀態的策略，越走心越沉靜，一路上能與自我對話。韓國影帝河正宇也擅長使用這個策略，而且是他生活的日常，他每一天要走三萬步，沒事的時候就走路。

河正宇在他的著作《走路的人》中提到：「不知從何時開始，當我感覺累的時候，內在卻總不停的複述著，啊！好累……該走路了。在沒有拍戲行程的日子，走路就是我那天的行程。對我來說，無論任何事，只要持續做，便不再是特別活動。」

有人問河正宇說：明明已經很忙，為什麼還要走那麼多路呢？他說：「我認為無論置身什麼情境，無論擁有什麼，走路是只要我活著，就能繼續做的事。演員時時得接受社會大眾的目光與評價，精神免疫力也因此容易變得薄弱。當自信被消磨殆盡時，來自外部的刺激便會動搖心智，甚而毫無理由地感覺不安。那段日子，我覺得自己就像沙堡一樣會應聲散倒，甚至連平常習慣做的事，也變得很困難，一動也不想動。」

什麼是休息？不活動當然可以消除肉體的疲勞，但是精神層面能量的枯竭，就絕不可能透過這種方式復原。比起癱坐或躺著，越累，河正宇越想努力讓自己先起身。感覺身體與心靈已達完全乾涸的狀態時，他反而會穿上運動鞋外出走路，讓原本覆滿鐵鏽的身心也重新散發光澤。

我們的身體與心靈容易受到外界刺激影響，就像天氣一樣千變萬化。對河正宇來說，日常的例行公事便扮演著錨的角色，無論身邊發生任何事，或出現多麼令人頭痛的意外，都必須無條件的遵循例行公事，像是早上起床先上跑步機走一走暖身、吃早餐，只要沒有突發需要處理的事，走路去工作室或電影公司上班。

例行公事能幫助我們於思緒紊亂和意志力薄弱時，促使我們先動起來。越是面對人生中的重要問題，越該懂得停止胡思亂想，而非放任思緒無限蔓延。

人生在世，總有些問題是要放著不管才能解決。或許，一生之中有超過百分之八十的問題都不需要自己特別插手，只要靜觀其變就好，即使焦躁，也須忍耐。面對煩擾思緒不斷滋生，卻清楚當下不會有答案時，河正宇通常會穿上運動鞋外出。人的一輩子要面對無數個令人不禁呢喃這件事無解的問題，這些年帶孩子們走路的過程中，我有一樣的體會。

河正宇在書中提到每個人的步調不同，步伐也不同。即使走在同一條路上，各自的感受與痛楚也完全不同。他曾經從首爾走到海南，距離長達五百七十七公里。他寫道：「走路所給予的禮物，並非什麼突然拾獲的偉大之物，唯有散落於首爾到海南沿途的，最終才能真正如紋身般嵌入我的身體與心靈。」這一路上，河正宇明白了世上沒有任何錯誤的路，有的只是稍微遲來與崎嶇的路罷了，路的盡頭什麼也沒有。然而，這些微不足道的剎那與回憶，最終也成就了我們。

允許自己自由感受，覺察能幫助我們感受

《讓感受自由》這本書的英文書名 *Permission to Feel* 大大的吸引我。為什麼我們需要允許自己去感受？因為這樣與生俱來的能力可能隨著我們長大、接受教育漸漸消失。

許多大人在面對孩子的情緒時，第一個衝動就是搬出紀律來威脅。那是因為過去許多人都認為情緒是外來的噪音。但現實是，如果我們不去了解情緒，也不去找出應對策略，它們就會接管我們的人生。相關研究已經證實情緒會影響注意力、記憶

和學習；情緒也會影響決策、與他人的關係、健康和創造力。

分辨自己的情緒，了解感受對於生活各個方面的影響，以及發展出技能，以確保能夠以有益健康而有生產力的方式來善用自己的情緒。如果我們能夠消弭讓人忿忿不平的不公正待遇，憤怒就會自動消失，因為它已經可以功成身退了。我們並不是生下來就有天賦可以去辨別自己，或是他人的感受及其背後的原因，我們都需要透過學習，可以透過學習帶來改變。

經過這些年來的研究和實際經驗，我們對情緒的掌握比過往來得更高，已經找出成為「情緒科學家」必備的五種技能。

第一項技能：**辨別**（Recognizing）情緒的產生，亦即注意到自己的想法、行為或身體變化，或是注意到他人的臉部表情、肢體語言、聲音變化。

第二項技能：**理解**（Understanding）我們了解觸發情緒的原因，並且清楚情緒如何影響思想和決定。這能夠幫助我們對於自己和他人的行為有更好的預測。

第三項技能：**標記**（Labeling），是指在一項情緒經驗和在描述它的精確用語之間建立連結。擁有一套較成熟的感覺詞彙（feelings vocabulary）的人可以把相關情緒加以區隔。正確的標記情緒可以提升自我意識，並且能夠幫助我們有效地溝通情緒，減少社交互動中的誤解。

第四項技能：**表達**（Expressing），能夠依據情境、所相處的人以及更大的環境脈絡，知道自己應該如何表達（以及在什麼時候）表達情緒。用最適合的方式表達自己的感受，並藉此修正行為。

第五項技能：**調解**（Regulating），以有益的方式監測、緩和以及改變情緒反應，以表達自我實現和專業目標。學習接受和處理，能運用策略來推理自己的情緒，並協助他人處理他們的情緒。

我們可以常練習與自己對話。試著問問自己：我有好好感受過自己嗎？我真的知道自己的感覺如何嗎？我允許自己探索自己的感受嗎？這些都仰賴覺察的能力。

九歲的孩子主動對我揭露他的心事，接近一個小時的談話讓我深深佩服他覺察的能力。對於新環境的不確定性、對於人際關係的期待，以及對於自我要求帶來的壓力，這些即將發生的變化都讓他深感壓力。

他告訴我，他本身比較敏感，正在焦慮的事容易影響他的食慾和睡眠。吃不下的原因是會想吐，睡不著的原因是會一直煩惱一直想。

身體是騙不了人的，這些症狀是情緒的表徵，是一種提醒，也是身體的保護機制，讓我們知道，有些問題正在影響著我們。

除了這些變化，他也會感覺到自己比較易怒，甚至會因為同學挑釁的語言就想要動手修理對方，雖然這樣容易動怒的狀態過往並不多見。

我陪孩子梳理他的擔心，先分辨哪些問題是他自己可以掌握的，哪些是需要靠別人幫忙才能排除的。還有，哪些事情是必然會發生的，就算擔心也沒辦法改變。

至於可以改變的事情，我們也針對不同事件一起思考可能的因應策略。同時，我也嘗試提供他不同的觀點，來看待每一件讓他感到焦慮的事情。

談話的尾聲，我大大的鼓勵他。鼓勵他對自我的認識，鼓勵他能那麼細膩的覺察自己的狀態和變化。對於這個年紀的孩子來說非常不容易！

這場對話讓我想到國外的研究結論，**若沒有刻意練習，大人的覺察能力不見得比小孩好**，在我身邊有許多比這個孩子年紀還大的人並不具備他這樣的覺察能力。

離開前，我詢問他是否需要我和爸媽聊一聊，他很篤定的告訴我先不用，因為他的人格特質和媽媽很像，他不希望媽媽太過於擔心。

我和這個孩子約定好，他繼續觀察自己的狀態一週，下個星期再談一次，看看有沒有什麼變化。

覺察需要刻意練習，身教是最好的示範

當我意識到自己受某些事物影響，生活中有刺激自己想法和感受的來源時，我就會刻意空下時間進行覺察和反思，並且透過書寫與自我對話，把這個狀態藉由文字記錄下來。在完成這個動作後，我的頭腦和心就又騰出空間來了。這些年來，我已經清楚知道在高強度高壓的環境中需要透過覺察來梳理自己。

那天和夥伴對話時，我分享了自己的覺察。我整理了過去幾年影響自己比較多的挫折經驗發現，我在面對誤解和指責時，很容易先向對方低頭。面對這樣的狀態，第一時間的我態度是柔軟的，內在歸因的習慣讓我慣性承擔全部責任。這也可能是我小時候常常犯錯的後遺症，我總被環境中的大人認為是麻煩，於是漸漸少了解釋的能力和意願。這樣的狀態經過一段時間就會產生委屈的情緒。這也是我在許多演講場合分享過的，許多和我一樣的孩子內在有許多委屈，這些經驗也讓我們變得不自信，就連捍衛自己的能力都削弱了。這些委屈的感受再經過一段時間，就會轉化

為憤怒，生氣那個懦弱的自己，厭惡那些在事件中自私且懷抱惡意的人。接著，就需要花時間消化這些憤懣。

有一位夥伴和我有相似的成長經驗，也面對過相似的問題。另一位夥伴給予正向的評價，他欣賞這樣的處事方法，即便自己內傷也不會傷害對方。我們需要與自己和解，別急著向他人低頭，在承擔責任的同時接納情緒，更平衡的看待當下的處境。

身邊的許多大孩子，在潛移默化的影響下慢慢也開始書寫，記錄我們共同生活的點滴。這些年我試著更系統化把這個經驗和習慣轉化成學習活動，希望引導孩子更有意識的進行自我生命故事的整理。摘錄身邊三位小夥伴的自我敘說和大家分享，看見他們能誠實的面對自我，真替他們開心。

小林同學說：過去這十三年裡，因為易怒而常常和同學吵架，甚至是打架。老師也因此向爸媽反映這些問題。大約小一到小三那幾年，我是一個滿自我中心的人，朋友不合我的意就生氣，和他吵架。後來因為在小二到小三的這段時間內，發生了一些事，確切是什麼事，我也忘了，但從小四開始，我變成了一個太容易接受別人想法的人。也就是說，我壓抑著自己的想法，別人說什麼我都說對，我都說好。但也因為這樣，我好幾次為了迎合別人而失去了我原本的興趣，可是當時我都有察覺到這件事。直到小六，我發現這個問題，然而，這已經變成一種習慣，很難改回來。現在我已經國一了，雖然沒有以前那麼誇張，可是這個狀態依然存在我身上。上述這些事情是我從小到大的轉變，雖然還不太多，但足以讓我了解一直以來存在我身上的問題，也讓我認清真實，不再選擇逃避面對自己。

阿虎同學說：妳過得好嗎？我是十二歲的妳。讓我們來想想這十二年的事情吧！我發現我從八歲開始，我只要覺得那個人很討厭，就會把那個人的臉畫在牆上，詛咒他。在之前的學校，我是一個大E人，也很火爆，會有自己的想法。但是被老師罵過後，我變得不會表達自己的想法。來到這裡後，也只想要配合別人，不想要表達自己主觀的想法，也不會拒絕別人的要求。到了這裡的第二年，我開始會拒絕別人，也會說出自己心裡真正的想法。

天天同學說：我有過動症，還有注意力不集中。之前有很多老師反映我上課不認真，所以我媽帶我去看醫生，吃可以專心的藥。我從四年級開始吃，大概一年回診一次，吃了藥之後，我有感覺自己不用花太多力氣去專心。本來沒吃藥要花八分力氣才能讓自己專心，可是吃藥過後只要花五分力氣就可以專心。沒吃藥的話，可能只能專心三十分鐘，可是吃藥之後可以維持一小時三十分。老師之後的回饋也有比較好一點。我覺得自己很衝動、愛玩也愛運動。

關於自我認識，有興趣的夥伴也可以先看看《曲老師的情緒素養課》、《天賦就是你的超能力》和《ADHD新解：展現注意力多樣性的行動造夢者》。

藉由覺察穩定當下的自己，試著接納他人的感受

我在演講中常會分享以下這個概念，就是**當孩子犯錯時，大人應該接納孩子的感受，先於要求小孩反省**。因為我相信沒有人希望把事情搞砸！犯錯的孩子自己心裡應該是最難受的。

而在接納孩子感受之前，大人其實還需要先照顧好自身的情緒，唯有如此，我們才有餘裕照顧孩子的內在狀態。我很誠實的跟大人們說：前面的說法是違反人性的！尤其是當孩子的行為造成實際困擾時，要能放下自己，關照對方，真的非常不容易。這也是為什麼我會說我們最需要情感支持的時候，正是我們最不可能獲得情感支持的時候！

舉例來說，當小孩生氣哭鬧的時候，我們勢必會受到這個刺激影響，心情難免起伏，這個時候孩子需要的是被理解與支持，但現實環境中通常容易看見權威與壓迫。當下的我們應該嘗試看見自己的內在，覺察那個影響，鼓勵孩子能在宣洩情緒之餘，試著揭露自我，因為有時候說不出來的話隱藏著更深的含義。大人的任務是陪伴和傾聽，而**聆聽者最重要的是保持平靜，並嘗試去聽到還沒有被說出來的話。**

如果大人不相信情緒技能的重要性，那麼他們永遠不可能好好地教導孩子。大人需要了解情緒如何影響我們，以及周圍的每個人。要有意識的培養情緒技能，並且成為孩子的榜樣。因為身教勝於言教。我們可以透過下列問題檢視對於自身情緒的覺察與調節能力：

一、我能正確分辨自己以及他人的情緒。

二、我知道自己以及他人感受的前因後果。

三、我擁有一套精準的情緒詞彙庫。

四、我善於表達各式各樣的情緒。

五、我善於管理自己的情緒，以及幫助他人管理他們的情緒。。

若要我提出當中最核心的關鍵，我會毫不猶豫的回答：**培養自我覺察的能力！**

所有的情緒都是重要的訊息來源，透露內在發生的事。多重感官為我們傳遞來自我們的身體、我們的思想以及外在世界的消息，然後大腦對此進行處理和分析，進而形成經驗，我們稱之為感覺。研究證明情緒運用得當時，可以支持推理以及解決複雜的問題。情緒會賦予我們思考的目的性、優先順序以及重點，並告訴我們如何處理感官所傳遞的知識，激勵我們採取行動。

要成為一位情緒專家是需要實戰演練的。因為情緒素養的真實考驗不是你坐在那邊喝咖啡看書的時候，而是有人把咖啡灑在你身上的那一刻。

曲老師的SEL心法

自我覺察的練習除了與自己獨處之外，也可以找身邊信任的人聊一聊，因為這樣的對話能讓潛意識的資訊浮現，**讓那些原來就存在的事物浮上檯面，變得可知，因為可知才有機會可控。**

那天和一位青少年對話，我們相識多年，一起走過他比較困頓的時期。再次相遇是他遭逢新的人生挑戰，他似乎陷入了相似的泥淖當中。但這一次，我看見不一樣的他，經歷過相似的困難之後，他已經比過往的自己更有能力因應。

透過對話，我們發掘他的核心議題：對於單一事件過度投入。舉例來說，準備一個自己有興趣的學科報告、擔任社團幹部負責準備評鑑報告，這些事件幾乎耗費了他全部的心力，也讓他沒有能量處理生活中其他的學習任務。當結果不如預期時，全有全無的極端思考模式，面對困境時的災難性思考讓他容易選擇放棄。再加上一點點完美主義和自尊心作祟，似乎讓這個大孩子不願意接受替代性的選擇和降低標準。

我覺得在青少年時期就能對自我有這一層次的認識很重要，因為這樣的狀態絕對不會只在學生時期有影響。畢業後邁入職場後，未來的人生都有可能會受到影響。對我來說，這就是這個孩子的核心議題，而我的任務是陪伴他覺察自我的內在狀態，在自我認識的基礎下發展策略，協助他更平衡的生活。

在這樣覺察的基礎下，我們應該發展的策略是：

第一、認清自己一次只能專注在一兩件事情上，不要讓自己的人生過於忙碌，一個時期目標不要太多。

第二、練習接受替代方案，生活不可能盡如人意，接受Plan B和Plan C是生活中常見的狀態。

第三、為了更長遠的階段性目標，要練習向現況妥協，有時候得過且過是必要的，不見得事事都要追求完美和理想狀態。這是以終為始的練習，先求有再求好，常常提醒自己接下來的重要目標是什麼，練習放下眼前的糾結。

往好處想，他已經進化了！他不再像以前那樣躊躇不前，透過這樣的對話和覺察，我們還可以持續升級。

覺察就像日常，每天都要預留時間

關於自我覺察，首先需要的是時間，就像刷牙洗臉、上大號、喝水一樣，應該成為我們生活的一部分。簡單來說，要練習自我覺察，第一件事就是要預留覺察的時間給自己。**再來，覺察需要情境**，尋找一個適合自己覺察的情境是幫助自己覺察的重要一步。每個人偏好的情境不同，但這些情境都有一個共同點，就是專注力要回到自己身上。有了時間和情境後，**再來就需要策略和方法**。我們透過什麼樣的形式幫助我們覺察，與自我對話，讓覺察的痕跡保存下來。

舉例來說。在生活的不同情境中，當我受到環境的刺激和有所觸動，為了不打斷自己當下的體驗，我會選擇在腦袋中刻意標記這個刺激，待我有空閒再好好審視這個經驗對自我帶來的影響。每天我都會預留時間和自己獨處，梳理生活當中繁雜的經驗。我經常在車子的駕駛座回血，嘗試用書寫的方式記錄下這些感受和想法。

在生活中練習刻意消失

畢業於名校擁有高學歷的傑．謝蒂（Jay Shetty）曾經選擇出家為僧，歷經三年的僧侶生活後還俗，卻在求職時接連碰壁，雖然後來成功擔任企業顧問，最後仍選擇走自己的路。他在二〇二五年普林思頓大學的畢業典禮演講中鼓勵畢業生：在這個人人渴望被看見的時代，你必須學會消失。（You have to disappear.）

謝蒂所謂的消失並不是離群索居，而是投入自己有熱情的領域，這個投入的初衷並不只是被他人看見，而是過自己真正有熱情的生活。消失代表默默耕耘，在黑暗中努力，在沒人注視時也持續前行。自己努力打造的東西，不必對他人證明，不要擔心別人的想法，而是開始重視自己的價值。

他舉出好幾個真實世界的例子，像是他自己曾消失兩次，第一次是出家當和尚，第二次是辭掉穩定的顧問工作，開始分享自己從僧侶身上學到的智慧。那些讓人欽佩的世界級企業家、藝術家，無論是商人還是有創意的人，他們都曾經消失。美國籃球明星柯比．布萊恩（Kobe Bryant）在凌晨四點無人時練球；巴菲特（Warren Buffett）在房間裡看書，花費一天百分之八十的時間研究財務報表、報告和書籍；Lady Gaga穿著亮片緊身衣，在只有六人的小酒吧表演；Spanx創辦人沙拉．布蕾克莉（Sara Blakely）隱藏她的創業點子整整一年，連朋友家人都沒說，因為她不希望有人阻止她冒險；電影導演克里斯多福．諾蘭（Christopher Nolan）花了十年寫《全面啟動》的劇本，而這劇本在他十六歲時就已萌生；電影導演史蒂芬．史匹柏（Steven

Spielberg）在踏進片場前，曾在自己的車庫拍短片。

這些人都在無人注視的情況下磨練，在沒人讚嘆時耕耘，最終悄無聲息地崛起。所以，當這世界都在追求曝光時，請放心選擇隱形。當每個人選擇在秀生活時，試著離開舞台一下，不要害怕！

一九〇二年社會學家庫利（Charles Horton Cooley）寫下：**我不是我以為的我，也不是你以為的我，我是我以為你以為的我**。這句話的意思是：我們活在對自己印象的「他人想法」的想像中。換句話說，如果我覺得你認為我聰明，我就覺得自己聰明；如果我覺得你認為我軟弱，那我就真的感到脆弱。

但這是一個陷阱，這個世界不斷將我們拉進這種思維當中，讓我們備感壓力，要公開展示自己的成就，做那些人人認可、值得慶祝、被認為重要的事。要確保自己能被看見，能保持話題度才能看起來很成功，這個世界只獎勵那些看起來很厲害的事。我們會被逼著證明自己過得很好，即便都還沒搞懂對自己來說什麼是過得好，這個世界會不斷推進我們去表演成功。但也因為如此，消失就變得更重要！

別人的答案聽聽就好！別人的評價沒那麼重要，就像謝蒂分享他過往的提案經驗，當他向三位主管提出影片企劃時，一個主管說他太老，一個主管說他太年輕，第三個主管認為他年齡剛好，但時機不對。當時謝蒂已經二十八歲，對人生困惑不已，完全不知道接下來該怎麼辦。這些「回饋」對他一點幫助都沒有。

真正重要的是**我如何看待自己、如何去愛人、如何找到工作的意義，以及思考我願意如何服務這個世界**。這四個問題的答案將會影響一生中最重要的選擇和決定。尋找這些答案的策略是獨處，用謝蒂在普林斯頓大學演說的用語就是「消失」，專注於自身，專注於自己有熱情的事物上。時不時與自我對話，有意識的自我覺察，認識自我、理解他人，發掘屬於自己的人生意義。這些都是「社會情緒學習」帶給我們的重要提醒！

自我覺察的練習

練習是根據社會情緒學習工作坊的課程設計而來，建議家長和老師可以陪伴孩子一起練習。

❶ 練習寫日記：在生活中有任何事件刺激到自己的情緒時，請給自己一段時間把這個歷程記錄下來。

❷ 心情詞彙練習：練習找出不同心情詞彙能代表的生活情景和事件。

❸ 練習區辨什麼是情緒和行為：將生活中的事件用情緒及行為進行分類。

❹ 嘗試記錄自己生活情景中行為背後的想法及價值觀，以及行為帶來的影響與後果。

❺ 找到能幫助自己專注於自身的情境。

4
自我管理：掌握情緒與壓力的主動權

自我覺察是自我管理的基礎，無論是情緒還是壓力，若沒有覺察的能力，根本談不上管理。要談策略前，先來了解自我管理的一些關鍵。

身體預算的關鍵

近年來關於自我管理的研究多半聚焦於當事人內在狀態，影響一個人的內在狀態最關鍵的不外乎睡眠、營養和運動。對於這些影響一個人穩定的核心關鍵，研究上稱之為身體預算（body budget），若是身體預算透支了，穩定度絕對大受影響。

關鍵一：睡眠

每天充足且有品質的睡眠對於個體的情緒調節有關鍵性的影響。睡得夠才能讓自己擁有平衡的人生，缺乏充足的睡眠，大腦就會打結，不僅影響思考和認知學習，也容易讓情緒調節的機制失調。

《為什麼要睡覺》的作者沃克（Matthew Walker）提出許多睡眠研究的結論，睡眠不足與兒童各個時期的侵略、霸凌、行為問題有關。以青少年為對象的研究已經證實，自殺念頭、嘗試自殺以及完成自殺，和前一晚的睡眠剝奪有關。在成人的監獄裡也觀察到，睡眠缺乏和暴力有類似關聯。

睡眠不足時，腦中情緒中心的反應會更強烈。經過整晚充分睡眠後，前額葉與杏仁核產生強烈連結，可以發揮抑制作用，來調控杏仁核這個腦內情緒中心。一旦缺乏睡眠，這兩個區域失去連結。於是我們無法駕馭這種原始的衝動，變成情緒油門杏仁核踩得太大力，負責煞車的前額葉卻又不足。一旦我們喪失了每晚睡眠提供的理性控制之後，神經方面失去平衡，因而喪失了情緒上的穩定性。

缺乏睡眠，大腦會在情緒兩端大幅擺盪。研究發現睡眠遭到剝奪的人，腦內深處的另一個情緒中心紋狀體（striatum）對獎賞、刺激事物會有過度活躍的反應。這個中心就在杏仁核的上方到後側，是和衝動與獎賞有關的部位，會接受神經傳導物質多巴胺的影響。前額葉的理性控制降低，這些快感區域的敏感度會提高，和杏仁核的情形一樣。因此，睡眠不足並非把腦推向負面情緒，**而是會讓人的情緒狀態在正負兩個極端大幅擺盪。**

簡單來說，缺乏睡眠會讓你的身體預算透支，好好睡一覺是擁有情緒調節能力的基礎。如果你覺得今天真的糟糕透了，那麼就趕緊去睡個好覺吧！

關鍵二：營養

營養攝取對於身體預算也有直接影響，生活中常見的狀況是肚子餓、血糖低的時候，情緒容易波動，甚至容易生氣，這是為什麼英文單字會有hangry（hungry加上angry，肚子餓引發的怒氣）的原因。

日常的生活飲食除了要注重食用多元且充足的營養素之外，更重要的是注意糖分、咖啡因和加工食品的攝取，像是運動後不要立即喝含糖飲料，不然糖分基本上會抵銷運動後對大腦產生的正向影響。對於有睡眠困擾的人來說，午後就要特別注意減少咖啡因攝取。此外，要有意識的避免加工食品，多吃原型食物，因為這些「人造」的食物對我們的身體會有許多不可逆的影響。

現代社會中，幾乎都市中每條街道都可見各式各樣的便利商店，人口集中的區域更是手搖飲店林立，換句話說，這個時代的誘惑真的太多，我們應該對吃進嘴裡的東西多一分謹慎。

關於飲食指南已經有非常大量的研究資料可供我們學習和參考，必要時也可尋求專業營養師的協助，替自己規劃一份專屬菜單。

關鍵三：運動

運動能幫助大腦分泌多巴胺、血清素和正腎上腺素等神經傳導物質，也能提高我們的身體預算，幫助大腦進入最佳運作狀態。近年來有非常多的研究都揭示了運動對於幫助個體穩定有關鍵性影響。

在《運動改造大腦》書中也提到運動有以下幾項好處：能強化心血管系統、能調節熱量、能減少肥胖問題、能提高壓力閾值、能穩定情緒、能增強免疫系統、能鞏固骨骼、能激發動機和能強化神經可塑性。

運動可以抵制過多皮質醇所帶來的侵蝕效應，那是一種能引發憂鬱與失智症的長期壓力下的產物。運動也能幫助神經元對抗過多的葡萄糖、自由基和興奮性神經傳導物質麩胺酸，雖然這些全都是必要物質，但如果置之不理，廢物就會開始堆積，破壞細胞機制，使之變成有害物質。

運動可以製造更多神經傳導物質、神經滋養因子和神經連結，幫助海馬迴裡的新生幹細胞分裂，對抗憂鬱和焦慮所產生的萎縮現象。有氧運動能抵抗多巴胺自然衰減，而多巴胺正是動機與運動系統的關鍵性神經傳導物質。簡單來說，當我們動起來，就在藉由強化多巴胺神經元之間的連結。運動是預防神經退化性疾病最好的方法，它能協助打造一個強健的大腦。

在《克服焦慮》書中提到運動可以減少肌肉的靜止張力，中斷通往大腦的焦慮回饋迴路，一旦身體鎮定下來，大腦就比較不容易憂慮。運動還能產生讓身心平靜的化學變化。伴隨運動而來的大量腦源性神經影響因子（BDNF）可以促進突觸的可塑性，也能促進海馬迴的神經新生、血清素的分泌，讓我們平靜下來，更有安全感。也能幫助我們學得更快，記得更牢。有運動習慣的人，大腦清除廢物的能力會比較強。規律運動對大腦保護來說相當重要，在研究上發現慢跑這類型的有氧運動對人體有正面影響，而這些影響包含增加有利神經可塑性的因子、促進大腦血流和血腦屏障的調節、幫助腦部代謝和強化粒腺體功能，運動時大腦血流上升，可以為大腦帶來更多氧氣和葡萄糖。血流增加後能即時提供能量給前額葉等區域，能幫助改善注意力和提升執行功能。運動可以幫助大腦的防護罩發揮功效。長期穩定的有氧運動是幫助血管新生，促進大腦代謝營養素，並且產生能量的最佳方法。有氧運動時骨骼肌會分泌白介素6（IL-6）這種發炎物質，運動產生的白介素會促進產生抗發炎因子，造成IL-10的釋放，帶來抗發炎反應的總體效果。

運動能強化大腦的訊息處理、思考和解決問題的能力，有人就開玩笑說有氧運動是最好的免費聰明藥。簡單來說，運動的效果就像是服用天然的補給品，讓我們更有餘裕面對生活當中的壓力和挑戰。

曲老師的SEL心法

自我管理能力展現的基礎是穩定的睡眠、營養的飲食、規律的運動，在這些基本的生理需求被滿足的情況下，穩定發展自我管理的策略。

在輔導工作中，我常提醒自己和夥伴們，在面對孩子的情緒行為問題時，確認行為功能的階段就要從這些基礎需求層面去思考。舉例來說，當孩子在學校情緒失控爆炸，我會想先了解前一天或是這陣子孩子睡得如何？我會想了解孩子當天飲食的攝取，像是否有吃甜食，吃糖果或是含糖飲料。我也希望多了解孩子日常生活的安排，像是課後都去做什麼？下課後或是假日有沒有規律的運動。我們可以說，這些都是自我管理的基礎檢核表。

還記得多年前的一個案例，有個孩子一到學校，老師只是要請他繳交昨日的作業和聯絡本他就大發雷霆，在班上摔桌子。老師和孩子自己對這樣強烈的情緒反應都很驚訝，經過了解才知道，孩子因為早上起得比較晚，不僅被家長不斷催促，早餐甚至忘在爸爸車上沒吃，他肚子很餓，在這種情況下，老師的提醒和要求便引爆了他的情緒。

另外，大家應該也常聽到有過動特質的孩子因為喝了含糖飲料或是吃太多糖果，放大了他的外顯行為，對環境造成更大的擾動，同時也影響自己學習的品質及人際關係。

我們從這些例子可以知道，如果這些基礎對人的情緒會帶來直接的影響，我們就應該讓孩子們知道保持規律的作息，重視自己的睡眠時間，利用時間運動都是讓自己情緒保持平穩的關鍵。對我來說，睡眠、飲食、運動這些基礎工程都需要靠養成好的生活習慣來維持。

認知調適對自我管理的重要性

除了上述的三個關鍵外，在自我管理的內涵中還有一項非常關鍵的影響，**就是要有意識的重塑認知**。無論是情緒管理或是壓力調適，都與調整認知有直接關係，當認知改變了，心情也就跟著改變了，那麼很多的壓力來源也就更能被掌握。換句話說，具有充足身體預算的情況下，自我管理的成效其實非常仰賴認知的調適，也可以說自我管理是認知能力的展現。

舉例來說，自我覺察需要的是內省與語意理解能力，要能精準的說出「我現在為什麼擔心」，就要動員情緒辨識、語言表達和自我監控等功能，這些都倚靠前額葉的作用，屬於認知性的活動。而自我管理仰賴執行功能，從目標設定、延宕滿足和情緒調節，都涉及工作記憶、認知彈性和衝動控制。這些能力都牽涉到大腦認知系統的整合運作。

其實**情緒與認知並不是兩種對立的系統，而是密不可分的**，近代神經科學早已指出：缺少情緒就無法做決策，缺乏認知功能就無法管理情緒。有老師曾說：情緒是認知的引導，認知是情緒的導航。社會情緒學習正是這兩者交會的實踐場域。

對社會情緒學習來說，從認知視角來思考，可以知道為什麼這樣能教得更好。若我們以為社會情緒學習單純只是非認知的，可能就只會停留在情緒抒發、靜心冥想等表層活動上。但若掌握認知的本質，就能設計出更有深度的學習活動，例如：設計情緒辨識的語言任務，訓練學生將模糊情緒具體化、利用認知重評，教孩子如何運用語言重建情境；引導學生練習道德困境推理，發展真正的責任感與選擇能力；

透過反思筆記與視角轉換任務，深化社會覺察與自我理解。社會情緒學習是引導學生進入更深層的自我認識與理解他人的認知歷程。

關於認知調適，個人非常推薦《我可能錯了》這本書，作者藉由自身真實的生命故事鼓勵人們留心自己生活中的片刻，練習覺察自我的感受，將注意力集中在此時此刻。試著關注自己的呼吸，練習將快速運轉的大腦停下來。適時區分我和我的想法間的差異。調適情緒也能透過改變想法達成，這個策略的魔法也就是這本書的書名《我可能錯了》，因為**適時的質疑自己的念頭有機會幫助我們重新思考**。

曲老師的SEL心法

除了身體預算外，常見的自我管理策略就屬認知調適，無論情緒或是壓力的調節都與改變認知有關。

無論是面對兒童、青少年或是成人的情緒問題，我常會鼓勵大家在面對外界刺激時練習「重新思考」，賦予眼前事件不同的詮釋，或是練習換不同的角度思考問題，通常在這樣努力之下，就有機會幫助自己轉換心情。

舉例來說，當我們認定互動對象是「故意」表現出那些行為，就更容易激發我們的情緒。因為故意會被視為挑釁，挑釁本身代表的就是刺激他人的行為。就像我帶孩子們爬山時，有些孩子會因為自己肌力不好，走起路來搖搖晃晃的，容易撞到別人。有些孩子被突如其來一撞難免有情緒，當出現這些情境時，我總是會先讓被撞到的一方知道，對方不是故意裝撞他的，這個說明很多時候會讓原本要升起的情緒被停滯，再搭配後續的處理跟引導，例如仍然要撞到他人的孩子表達歉意，甚至讓被撞到的孩子更了解撞到他的孩子走路的狀態，這些介入通常都可以有效的化解衝突。

另外，當我們面對自閉症特質的孩子時，若我們理解他的核心特質是社會性互動溝通困難時，就比較不易因為他們出現不合常理的社交行為而產生情緒。在面對注意力不足過動症特質的孩子時，他們的不專注、過動、衝動行為多半是因為他們與生俱來的特質所致，有這一層次的理解就讓我們有機會更穩定應對孩子帶來的生活擾動。

調整認知就能改變情緒，這是為什麼我近幾年在演講場合常透過個案故事讓家長理解犯錯是孩子變好的開始，只要善用錯誤的經驗，就能讓未來變得更好。當家長、老師具備這樣的認知也就讓他們更有能力陪伴孩子一起面對錯誤，情緒調節能力也隨之提升。

認知扭曲

改變認知就能調節情緒，人常常受困於自己的想法之中，這些想法為自己帶來困擾。因此若能改變認知扭曲的狀態，便能減少困擾。

美國的心理治療專家伯恩斯（David D. Burns）曾提出十種認知扭曲的方式，分別是：

一、**非黑即白**（All or nothing thinking）：所有事情不是零分就是一百分。

二、**以偏概全**（Overgeneralization）：其實只有一個負面事件，卻認定為無法突破的負面模式。

三、**心理過濾**（Mental Filter）：把好事都過濾掉，總是看到不好的人事物。

四、**負面思考**（Discounting the positives）：所有的成就都不算數。

五、**太快下定論**（Jumping to conclusions）：喜歡猜想別人都不喜歡你，或是預測事情會不順利。

六、**誇大或貶低**（Magnification or Minimization）：不是把事情過度放大就是把事情貶到最低。

七、**情緒性推理**（Emotional Reasoning）：什麼事都從「我覺得」出發。例如我覺得自己很爛，所以就進而認為自己真的很爛。

八、**應該聲明**（Should statements）：不斷批評自己或他人「應該」怎麼做。

九、**貼標籤**（Labeling）：把自己的缺點變成一個永久的標籤。像是如果不小心犯錯時，我們可以解讀成：我犯錯了，下次改進即可；而非在犯錯時認定自己是失敗者或沒救了。

十、**個人化責備**（Personalization and blame）：不斷責備自己，即使這件事不完全是自己造成的。

知道上述這十種扭曲的認知方式，我們就應該更有避免讓自己受這些非理性認知影響自身情緒抵抗力。我們要告訴自己，所有事情都不是非黑即白的，避免過於極端，總有灰色的模糊地帶存在。不要糾結單一錯誤，練習看到事物正向的一面，同時要避免過度內在歸因。遇到任何事情不要快速下判斷，減少情緒性的推理，避免對他人的過度指導。要小心使用標籤，這些定論容易讓人忘卻事物的多樣性。

除了認知的調適，自我管理的能力還應包含時間管理的能力，情緒的管理與壓力調適，以及有方法因應網路世界帶來的混亂。

執行功能訓練

自我管理直接影響日常生活的適應，執行功能是在教育輔導領域中特別重視的，所謂的執行功能泛指計畫、組織與執行能力，當中最核心的關鍵是時間管理能力，像是時間的預估能力，對事務輕重緩急的判斷……等。

執行功能的訓練有三個重點，分別是：找到一個自己**能專注**的情境，對於生活中的事物有**設定目標**的習慣，以及要刻意建立**回饋機制**，強化自己努力達成目標的動力。在培養孩子的執行功能時，我們要協助孩子找到讓自己能有效工作的情境，此外，生活中要持續讓孩子練習藉由自我檢核，檢查自己的表現是否達到當初設定的標準，並且記錄下來，透過自我鼓勵與強化，對自己的行為表現給予實質的獎勵。

關於執行功能的訓練詳細內容可以參閱《曲老師的情緒素養課》或是《ADHD新解：展現注意力多樣性的行動造夢者》等書，當中都有對於執行功能訓練的完整介紹。

情緒管理與壓力調適也是自我管理

要能有效管理情緒與調節壓力最重要的就是有意識的自我覺察，需要先清楚的知道問題是什麼，而覺察是釐清問題的關鍵能力。

知道情緒或壓力的來源之後，就比較有機會知道如何對症下藥，因為當根源解除了，情緒或壓力也就自然消失了。從這個角度思考，自我管理應該要化被動為主動，平時穩定的覺察，養成調節情緒與排解壓力的習慣，就能幫助個體持續保持穩定！

二〇二五年《國家地理雜誌》有一期特刊的主題是壓力新科學，幫助我們認識壓力的來源與駕馭之道。傳統的觀念認為要想辦法盡量避免壓力，但是傑米森（Jererry Jamison）帶領的青少年壓力美國研究團隊認為，除了創傷性壓力以外，面對日常壓力時，**直接應對反而是最有效的方法**。壓力重新評估理論將壓力視為挑戰和威脅。在面對困難時，將它視為威脅而出現的壓力反應初期徵兆。但若將壓力視為挑戰，則可能展現出激勵人心、正向的壓力反應。

當我們有能力改變思維，重新審視評估眼前事物對我們的意義，就有機會改變它帶來的影響。越是將壓力視為威脅，就越容易在這樣的情境下失常。我們可以嘗試調整大腦對於壓力的預設模式，例如將急性壓力反應的徵兆視為身體在幫助自己成功動員，讓自己能趨吉避凶。壓力反應系統的某些生理特徵，對於在壓力下的表現和認知特別有幫助，像是擴張的血管能把更多的氧氣送到大腦。

如果太在意壓力，反而可能導致這些原本設計出來幫助我們的生理機制失衡，因為我們會不自覺的排斥它。其實，我們並不需要擺脫它，需要的是覺察和正視它的存在。從生理學的角度來看，興奮也是一種壓力狀態，這是為什麼當年在誠致教育基金會推廣均一教育平台時，我總是在上台前告訴自己，我是興奮不是緊張，透過認知的調適讓自己更快進入分享的狀態。

常見的七種壓力調適策略分別是相互支持的關係、均衡營養、身體活動、接觸大自然、規律的睡眠、放鬆技巧和心理健康管理。除了上述七種策略外，**我特別推薦平時刻意保留時間獨處**，讓自己的心能在這樣的狀態靜下來，與自己對話。

網路時代的情緒表現

網路可以是我們學習的工具、人際互動的工具，但它也會對我們帶來傷害。網路沒有分級，這讓這個世代更快速更廣泛的接觸到各種知識、觀念，不管這些觀念是對的還是錯的，不管是真的還是假的。大量的資訊充斥在自己身邊，快速變化的不確定性讓人容易處在焦慮之中。如果運氣再差一點，在網路上接觸到具有毒性的群體，那麼就可能走向極端，這不只是成癮於遊戲那麼簡單。

在網路時代，社會性互動和人際衝突變得比以往更複雜，環境中增添許多不易察覺的訊息。這樣的世界看起來還會維持好一陣子，身處這個時空背景下的孩子們，更應該有意識的覺察環境的變化、自己的言行對他人可能帶來的影響。大人有責任要讓孩子看見網路對他們帶來的風險。

缺乏情緒素養更容易在網路世界恣意妄為，留下平常不會說的話，放大自己情緒的展現。在這樣的氛圍下，人與人會慢慢失去信任，壁壘分明、互相傷害的可能性升高。引導孩子看見人類行為的慣性，容易用標籤和過往經驗對陌生的人和情境下判斷。這是大腦本身的省力機制，我們應該有能力對抗這樣的生理機制，避免為他人帶來不必要的傷害。

孩子啊！不要忘記自己的一句話、一個留言都可能對他人造成傷害。上網留言其實就跟日常生活中的一句話一樣，說出去就沒辦法收回了！

網紅朋友和我分享：如果你當面不會跟別人說的話，就不應該在網路上用留言的方式呈現！這是留言前的重要自我檢視。在《失控的焦慮世代》談到現代人更容易面臨精神壓力的挑戰。除了人際關係複雜化之外，資訊量爆炸訊息快速流動也是主因。很多人會因為看朋友的IG感到心情煩躁，這很有可能是人類的心理機制在搞鬼，尤其是羨慕的情緒，會放大自己的不足。嫉妒的情緒也容易帶出過激的行為。

我特別借用網紅朋友的分享提醒大家，**我們在網路上看到的人只是那個人的一個面向，而且很有可能是那個人想要讓你看到的一個面向。**如果會因為看了朋友的分享心情鬱悶，可以藉由認知調適幫助自己，也就是告訴自己，「這就去對方想讓我看到的他，並不是他生活中的全部，他的不好，他生活中遭遇的問題，只是我們沒看到而已。」

網紅朋友也告訴我，他把接受資訊當成在看參考書，想要從別人身上學到些什麼。這個提醒就像我常和孩子們說的一樣，網路除了帶來娛樂，也可以是重要的學習工具。當然，如果調整認知對自己來說有困難，那麼就應該要減少使用，遠離這些有害的資訊。

面對網路霸凌，最重要的是要能夠建立求救的意願和習慣，讓事情發生後有人能將自己接住。孩子並不是公眾人物，有一天自己非自願性的成為公眾人物時，就很有機會直接面對網路帶來的成倍影響與壓力。如果已經超過你的負荷時，記得離開網路世界。生活不會因為你離開了網路世界而失序，你還是你，你還是可以好好的。

自我管理的練習

練習是根據社會情緒學習工作坊的課程設計而來，建議家長和老師可以陪伴孩子一起練習。

❶ 記錄自己每天的睡眠時間、吃的東西，持續一至二個星期，並和夥伴們分享自己的睡眠及飲食習慣。

❷ 練習設定一個小目標，並且記錄自己完成這個目標的歷程和所花的時間。

❸ 將一項運動放在自己日常生活的行事曆當中，並且記錄從事這項運動帶來的改變。

❹ 練習運用科技工具記錄自己的生活，像是手機記事本、Google Calendar、Notion……等。並且和家人及朋友分享自己一段時間的紀錄。

❺ 關注自己的學習狀態，將自己比較困擾的學習當作目標，嘗試發展一個有時間限制的改善計畫。

5 社會覺察：理解他人的感受與觀點

社會覺察指的是理解他人觀點並同理他人的能力，包括來自不同背景、文化和環境的人們。

過去有許多人會教導孩子要觀察他人的表情、肢體語言、聲音語調來判讀他人的情緒。但最新研究告訴我們，僅僅觀察他人的面部表情和肢體語言是無法完全讀懂他人感受的。因為情緒是可以隱藏的，有些人會刻意掩飾自己的情緒不讓別人知道。但是，為什麼在生活中，我們需要了解甚至預測他人的情緒呢？因為有能力預測他人情緒的人在生活中會更有利。

社會化是一種後天習得的技能，它來自於養育和身體預算調節的過程，這個過程始於主要照顧者和孩子的關係，像是餵養、撫觸都有助於嬰兒調節體溫、心率和睡眠。這種與照顧者的關係是人類第一個精熟的社會性能力，從身體預算和調適的角度來看，與照顧者的互動關係非常重要，我們稱之為依附關係，也就是人類為了滿足生理需求而激發了社會性互動的行為。我們也可以說，**社會覺察是人類求生的一項重要技能。**

社會覺察能幫助我們更精準掌握互動對象的狀態，藉此表現出相對應的反應。比較常見是視角轉換（perspective-taking），這是一種透過想像他人觀點來理解其感受與行為的認知過程。相較於同理心，視角轉換更著重換位思考，能從理性的角度分析對方的立場與動機。許多研究都顯示，**具有視角轉換能力的人擁有較佳的人際關係**，不僅能增進與他人溝通的品質，也能有能力化解衝突。

社會覺察能幫助我們識別社會規則與要求，不僅是常見的社會規範，也包含那些隱微潛藏在人與人互動間的潛規則。當然，除了理性分析的角度，社會覺察也包含了同理心（empathy）和憐憫心（compassion）、感謝與感恩的能力，而擁有這些能力的關鍵在於珍視多樣性的態度。

社會覺察的原則

理解他人其實沒有那麼容易，由於我們沒辦法準確讀懂彼此，因此必須接受我們對他人如何感知世界的解釋不是事實，我們必須確實地詢問他人是如何經驗這種情況，並仰賴他們的回應，而不是根據自己不完整的解釋。

此外，我們也必須承擔責任，並確保自己的溝通清楚明確。如果希望他人能夠有效預測我們的想法，那就必須成為良好的溝通者。以下有幾個可以參考的重要原則。

第一、多方涉獵、增廣見聞

生活經驗貧乏，或是習慣以自身經驗推估他人的狀態容易產生偏誤，培養社會覺察就要**多充實生活經驗**，**多與不同特質的人交流互動**，多認識不同領域的人事物，多聽聽與自己不同生長背景的故事，了解這些人在這樣的情境脈絡中會遇到哪些問題，又是如何思考的。設身處地雖然不容易，但可以練習。沒有辦法經驗，也可以透過閱讀、追劇和看電影來幫助自己補充社會覺察的背景知識，培養自己站在不同立場思考的能力。

第二、運用開放式問句來與對方核對

在與人溝通時，如果碰到不確定對方想法或情緒的時候，應使用開放式問句來加以確認，舉例來說，「你對於這樣的狀況感覺如何？」可能比「你對這樣的狀況感到煩心嗎？」更好。因為前者允許回答者傳達任何情緒，後者的提問已經限縮了回答者的答案選擇。我們應**避免預設立場**，限縮他人的選擇。

要有技巧與他人核對，因為解讀他人是非常困難的！

第三、謹慎選擇用字遣詞

我們可以透過選擇的詞語來影響他人的預測。那麼我們希望他人如何看待這種情況？我們運用的詞語與我們本身的意圖相符嗎？人習慣透過語言來理解他人，每個人對於同樣的情境也可能使用不同的詞彙來描述，所以在言語的使用上要小心，不要無意間誤導了對方。就像瞎子摸象的比喻，有的人摸到象腿，有的人摸到象鼻，有的人摸到象的身體，也就是在描述大象的時候，每個人切入的點都不一樣。

第四、我是對的，不代表別人是錯的！別人是對的，不代表我是錯的。

避免陷入二元論是在社會覺察很重要的原則，讓自己養成從不同角度思考的習慣，可以增加對他人的理解和拉大自身的彈性。也比較能避免讓自己陷入不必要的情緒中。舉例來說，今天老師稱讚了班上一個同學，另一個孩子聽到時，有可能會覺得，老師為什麼說那個同學很棒？那是不是代表我不好？別人的好，不代表自己的不好！能這樣思考，我們就更能邁向共好。

第五、有意識的練習自我揭露，用尊重他人的方式讓對方理解自己

不要覺得別人都應該理解你，如何讓別人理解自己也是必要的練習。在輔導工作中，常有機會遇到孩子習慣自己一個人生悶氣，老是覺得其他人不懂自己，覺得別人刻意踩雷、讓自己不高興。但其實人並沒有那麼容易理解別人，很多時候這些情緒可能是誤解所導致，要排除這樣的狀況，最好的手段就是要試著讓他人理解自己，**適度的自我揭露**，讓對方以被尊重的方式接收到這些訊息，也是人生中重要的功課。

我要求孩子練習與家人對話，試著讓小小年紀的他們對價值觀有些基礎認識，這個作業要求孩子們錄音做紀錄。

有個孩子和阿姨認真對話，從錄音聽起來，阿姨非常擅長和孩子對談，他們的對話是非常好的教材，讓我和其他孩子能更深度對談。

阿姨問說：「價值觀啊！我們可以想想生活的不同情境會出現哪些對我們行為的影響，嗯，像是吃飯的時候，我們家是不能看電視的，對吧！還有，我們去搭乘大眾運輸工具，是不是不能吵鬧？因為吵鬧會影響到別人……」

在聽完這段錄音後，我和孩子們對話，談到價值觀對人行為的影響，我們能從不同人的行為看見他背後的價值觀，有時候價值觀可能成為我們生活中的準則。

至於吃飯的時候不能看電視背後潛藏著什麼價值觀呢？可能是希望我們專

心吃飯，也有可能是因為用餐時間是家人之間重要的相處時間，應該把注意力放在餐桌上，這是重視家人的表現。

我先拋出一個問題，問參與這個討論的孩子們中有多少人在家吃飯是不能看電視的？

所有孩子當中就只有一個孩子表示吃飯不能看電視是家規。

我接著說：「如果有人到他家吃飯想看電視，或是他到別人家吃飯時，有人正在看電視，那會讓我們感覺怎麼樣？」

這個討論充分展現了人與人之間因為背景文化的差異、價值觀的不同會產生不同的行為模式，在互動過程中，我們應該要練習覺察自我以及自我與他人的不同，這就是SEL中所談的社會覺察。

這就是我為什麼一直強調的，自我覺察是社會覺察的基礎的原因。

到別人家吃飯，我們會需要入境問俗。但重點是要有能力覺察，要用讓對方舒服的方式理解他。

這個討論也讓孩子們知道，人與人之間可能存在極大的差異，就連自己的爸爸和媽媽都有可能因為價值觀的差異發生衝突，因為他們倆也都來自不同的家庭，存在著不同的價值觀是非常正常的。

討論的最後提到，不同的價值觀可能影響自身的行為以及影響範圍也會不同，舉例來說，搭乘捷運、公車等等大眾運輸工具時不要吵鬧，背後代表的價值觀是自己的行為不應該干擾和影響到別人。這個價值觀不會只影響到我們搭乘大眾運輸工具時的行為。

缺乏社會覺察容易陷入人際關係危機

在成長過程中身陷人際關係困擾的孩子多半缺乏自我覺察與社會覺察的能力，習慣用本能的方式與他人相處互動，恰巧這些行為都容易讓人不舒服，但也因為缺乏覺察能力，引起他人反感卻不自知。

舉例來說，好為人師，剛進入一個陌生團體就忙著要指導別人；樂於分享和表現自己，卻讓身邊的人感覺突兀和壓力。擁有社會覺察能能力的孩子，通常會在指導他人前先確定自己與對方已經建立信任關係，避免這些好意對他人帶來壓力，甚至容易被他人貼上高傲、看不起他人的負面標籤。其實，好為人師和樂於分享的特質都有正向的一面，也可以說是一種優點和優勢，但人就是那麼奇妙，試想，我們在接觸一個陌生的團體時，有多少人會那麼有勇氣做自己？

夢工廠的動畫片《馴龍高手》中的主角小嗝嗝（Hiccup）是一個有別於「傳統」維京人的孩子，他看起來體質瘦弱個性溫和，當同齡人已經醉心於追求屠龍能力時，他還在爸爸的保護下與工匠一起進行研發的內勤工作。更挑戰的是爸爸是部落酋長，驍勇善戰、功績彪炳，是全族人的偶像！身為酋長的孩子，再加上本身性格和特質都與族人有極大的差異，也讓小嗝嗝的存在顯得突兀。

若從他的角度來看，在尋求自我認同的過程中應該壓力極大。有天晚上小嗝嗝意外地利用自己研發的工具捕捉到了一隻傳說中的龍「夜煞」，也開啟了他更進一步自我探索的旅程。小嗝嗝與夜煞（後來取名為沒牙）的互動可見主角更深層次的自我覺察，在一次又一次的互動中，孩子不僅更認識了龍，也更認識了他自己。像是小嗝嗝與沒牙的相處和互動中發現龍可能會怕鰻魚、喜歡撓癢癢，如果撓卜巴會頭暈、喜歡龍草、愛追光點……等。後來甚至憑藉著這些知識，學會了如何控制不同類型的龍，成為屠龍訓練課程中的第一名。這些都是社會覺察的體現。

自我覺察是社會覺察的基礎，如果缺乏自知之明，那麼就更難真正理解別人的內在狀態，畢竟就連和自己最熟悉的「我」都那麼無意識了。

這是為什麼我常鼓勵孩子到陌生環境要先練習觀察的原因，因為就算看見都不代表真的看見，就更不用說連看都看不見了。

讓孩子學會換位思考

要培養孩子的社會覺察需要從自我覺察的能力開始練習，要從練習觀察生活周遭的人事物開始，培養觀察能力。這個歷程就是在幫助孩子認識自我與理解他人。我們可以藉由陪孩子看新聞時事，引導孩子換位思考，嘗試站在事件中不同人的角度考慮問題。在生活中，大人除了分享自己的想法，也可以在孩子遭遇不同事件時，透過對話引導的方式讓孩子站在大人的立場考慮問題。像是，如果今天有一個孩子看見另一個孩子有網路可以打遊戲，那麼家長或老師應該如何行動？

曲老師的SEL心法

對於和自己想法不同的人事物，要幫孩子建立別急著批判與下定論的習慣。就像我在徒步旅行中一次在便利商店休息的經驗。

有一天中午，正當我陪孩子在中醫診所處理肩膀脫臼的問題時，大隊伍已經抵達預計休息的便利商店。當全部人走進便利商店後，店員跟帶隊的老師說：

「你們這樣人太多，會影響我們做生意！你們預計要停留多久？能不能有些人去對面的超商！」帶隊老師急忙打電話給我，這時候我們才剛看完診要往便利商店走。帶隊老師告知我這個狀況後，我禮貌性的和店員做了確認，並讓他明確知道，我們預計休息到二點，而且我們在期間會用餐，不只是來佔位子吹冷氣的。

團隊內的老師甚至已經做好了分一部分人去對面另一家便利商店的準備，但是被我一口回絕了！我跟老師說：「不用那麼卑微，我們也是顧客，而且是真正有消費的顧客！他們本來就沒有限制內用的用餐時間。」

講完後沒多久，旁邊一個大孩子跟我說：「曲老，沒關係！我已經給他一顆星的差評了，而且上面還特別註明店員服務態度很差！」

我聽到後，立刻請這個大孩子把網路上的評論刪除。起初大孩子很不情願，覺得店員態度真的有問題，哪有人這樣趕客人的！

我跟大孩子說：「他的口氣可能真的不好，但是我們的確可能影響到他們做生意，我剛剛已經溝通過了，現在已經沒事了，既然已經處理好了，請不要在網路上批評對方。」

我接著跟大孩子說：「你給人家差評，對方一樣可以給你差評，例如你可能在店內講話太大聲，有問題可以試著和店家討論如何處理。」

其實我每次帶一群孩子們外出時都會擔心影響到其他人，因為孩子特質的關係，對環境會帶來一定程度的擾動。就因為如此，我特別感謝大家的體諒與幫助！

大孩子依約定給我面子，很快就撤下負評。

我們也如和店長約定的，如果有新的客人要進來用餐，就會和孩子騰出座位讓別人使用。一個下午就有好幾組客人在我們協調下完成用餐，店長後來也特別闢了店內一個區塊，讓我們能集中放大背包。除了休息時特別限縮孩子的活動空間外，老師時不時巡邏店內，也提醒孩子要注意離開前認真的把用餐區域整理好。

讓孩子養成面對事物保持彈性，別急著判斷與評價。面對這樣的處境姿態應不卑不亢和又卑又亢，在理解對方立場的情況下試著尋求雙贏。對我來說，留一星負評只是另一種形式的互相傷害而已。

那麼我們要如何陪孩子練習覺察？

當孩子對環境中的事物產生困惑，那麼最好能有他信任的教練幫忙他解惑，陪伴他一起認識這個複雜的世界。教練要用愛心說誠實話，要能在互信的基礎上讓孩子意識到自己的狀態，這個歷程需要抽絲剝繭，一層層的進入核心，因為有時候連當事人可能都不知道謎底。

曲老師的SEL心法

當局者迷，覺察才是行動的開始！

大孩子和我分享自己近期的體悟，他認為要融入一個已經成形的團體非常不容易。

他的老師是這樣告訴他的，「畢竟你是新來的，要多了解現在這些同學的喜好，他們平常都在談論什麼，自己或多或少也要了解一些，互動的時候才有話題。」

大孩子也認同老師說的，「畢竟我是外來者，是這個團體的新人，要融入大家要靠自己努力，因為對這些同學來說，他們沒有我的加入也可以活得很好，但是對我來說，若是沒辦法加入他們，我可能就會活得很辛苦！」

聽到大孩子這樣分析，我就放心了！有明確的內在動力，對於這個情勢的掌握也清晰，識時務者為俊傑，這是近年來他第一次這樣與我剖析自己的人際關係。

討論中他也向我坦白，要試著融入這些同學真的非常辛苦，加上彼此沒有共同的嗜好，對於要耗費心力來改變眼前的關係，他非常猶豫。

我試著趁勝追擊，希望多聽聽他的覺察。

我問他：「除了你是一個外來者之外，有沒有什麼樣的原因或是你的特質會讓你比較不容易融入新團體呢？」

大孩子想了想，不置可否。為了避免他難受，我開玩笑的跟他說：「太優秀或是有才華的人可能有時候會比較難融入！因為可能會對別人帶來壓力和威脅，那就更需要關係技巧了。」孩子在整理好自己的情緒後願意接受其他人在這個事件中對自己的評價，即使當中有許多意見都是批判，但這也是促進社會覺察能力提升的一次機會，至少孩子知道，其他人面對這樣自己時會有哪些感受、哪些想法與哪些行動。

這段討論讓我想到，這些年的訪談中結識不少不同領域的友伴，現在時不時都會聯繫，常有機會聽到他們的困擾，雖然隔行如隔山，但是他們總願意主動說說自己正在經歷的挑戰。或許是我們領域不同才讓人放心吧。

沒有人應該是一座孤島

曾經和青少年探討鐵路殺警案，我提醒大孩子們要有意識的關注自己和他人的精神健康。同時引導大家看見一個人的行動可能對他人帶來的影響，認識大環境的社會氛圍與風險。

鐵路殺警案發生於二〇一九年七月三日，罹患思覺失調症的鄭嫌因為補票衝突，以尖刀刺傷二十四歲執勤的李姓員警，導致他傷重不治而殉職。嘉義地方法院在二〇二〇年一審時以精神鑑定結果為由判決鄭嫌無罪，引起社會譁然。當時檢察官抗告時言詞激烈，媒體大肆報導引發社會大眾對於精神鑑定的負面意見，這個案件掀起關於精神病患隨機殺人的廣泛討論。

臺灣媒體觀察教育基金會也在二〇二〇年五月七日發表針對新聞報導與粉絲頁貼文報告，指出媒體報導充斥煽動語調、取材內容極為片面、且充斥發表者與意見領袖的個人意見。報告最後指責新聞媒體的作為，會令閱聽人誤解判決、助長歧視精神疾病患者、並誤解刑事精神鑑定，對社會帶來嚴重的負面影響。

二〇二一年二月二審宣判，認定鄭嫌雖因精神障礙導致辨識行為違法及行為控制能力顯著減低，惟未達完全喪失程度，改判有期徒刑十七年，刑滿後令入相當處所施以監護五年。同年六月上訴被駁回，全案定讞。

我以本案加害人角度拍攝的調查影片與青少年們討論。影片回顧鄭嫌的生命歷程，甚至是殺害鐵路警察前那一整天到底都發生了什麼事。因為了解加害人背景脈絡、行為動機是預防性工作的重點，這些行動都高度仰賴社會覺察的能力。

對於教育工作者來說，我們應該要努力進行預防性的工作，讓孩子在成長中學習照顧好自己，適時覺察自我的情緒與精神狀態。同時，要避免為私利造成他人的傷害，應有意識的換位思考，站在不同角色的立場考慮問題。保持同理與悲憫，在互動中展現關懷的表現，這些都是社會覺察的體現。

你怎麼聽，別人才願意說！

工作夥伴問我說：「那些人到底為什麼會願意聽你說話？為什麼跟你講講話就會變得比較好？」

我的回應是，「我不知道，但我期待的是他自己再觀察一段時間，試著自己找答案。」

在撰寫本書時，我特別強調，自我覺察是社會覺察的基礎。但在探討社會覺察時，真的感覺這不是件容易的事。

為什麼說認識自己是理解別人的基礎呢？因為覺察是「我」和「我自己」的工作，與我自己對話，與我自己相處，就是覺察的開始。

我們很容易被感覺蒙蔽，因為存在認知偏誤，為什麼感覺會和認知偏誤有關係呢？那是因為感受會受到想法的影響。缺乏覺察，我們就很難看到自己感覺背後錯誤的認知。這樣不僅會帶來情緒，也造成與他人的隔閡。

要走進別人的心，必須放下自己。練習以他人為中心，把自我放低一些。高傲的心，是放不下自己想法的，也聽不進別人的話，更不用說要理解別人了。

社會覺察是**練習以他人為中心，當下需覺察並暫時擱置自己的感受**，不要把自己看得那麼重要，就更能理解他人。不要太早下定論，自我是一個變動的概念，他人的自我也一樣。

這讓我想起和工作夥伴的一段對話，當他對個案家長進行批判和評價時，他的描述約略是「這個人就是這樣，他這個人就是這樣……。」這時，我幫忙踩了剎車。

我和夥伴分享：「我寧可選擇保留這個評價，會將這個情境當作他情緒狀態下的表現或是單一事件，而非解釋為這就是這個人的個性或是他的人格。」

對我來說，人是複雜的，雖然我們的專業工作需要將個案概念化，發掘核心問題的脈絡與結構。但就算已經有很高的把握，我仍然會提醒自己要保留彈性，避免武斷的解釋和評價。

當我們認為自己已經知道答案時就容易停止思考，觀察與感受也隨之關閉，未來在詮釋時就容易受認知偏誤的影響。

我想起了好多曾經相遇的孩子，我們需要抵抗的常是自我主觀的評價，因為這些表象的背後有時候是超越個人生命經驗能理解的。例如，有一個孩子每學期的討論課他都主動來參與，卻鮮少說話。至今，在我的課堂上，我仍然選擇不勉強他說話，他可以用他舒服的方式參與。面對孩子的問題時，在探討方法與策略之前，需要**有耐心的理解問題的脈絡，如此才能對他的需求與困境有更深的看見。**

在個案工作中，我們很常有機會從小孩的表現窺見主要照顧者的狀態，可見潛移默化的威力。在進行輔導工作時，要先能站在家長的角度、孩子的角度理解他們的處境，才比較能夠對症下藥，提供實質性的介入和幫助。

社會覺察的練習

練習是根據社會情緒學習工作坊的課程設計而來，建議家長和老師可以陪伴孩子一起練習。

❶藉由生活中的人或不同的事件，練習推測他人的意圖、想法、感受和行為以及行為帶來的後果。

❷將不同的社會事件當作題材，練習站在當事人的立場，覺察當事人的狀態。

❸到社區走動，觀察社區中有哪些需要改善的地方，將其拍照並用文字記錄下來，接著請去里長辦公室向里長說明你的發現。

6

關係技巧：建立與維護良好的人際關係

撰寫本書時，我對於關係技巧這個重點能力有一些新的想法和整理。

CASEL對於關係技巧的定義是：**建立和維持健康及支持性的關係，且能在不同的個體和群體中有效的應對**。而人際技巧就是與他人建立連結的能力。在CASEL的相關報告中，對於關係技巧曾提出以下幾個重點，分別是溝通能力（communication）、文化力（cultural competence）、建立關係（building relationships）、團隊合作和與他人一起工作的能力（teamwork and working cooperatively）、衝突解決能力（resolving conflicts）、幫助他人與求助能力（helping/seeking help）、領導力（leadership）、為他人的權利發聲（standing up for the rights of others）。

這些都是在群體中與他人互動所需的能力，但關係技巧對我來說遠比CASEL定義的還要複雜許多。我在二〇二三年完成的《不讓你孤獨》一書就聚焦在探討青少年的社會性互動與溝通能力，想進一步了解的讀者在閱讀關係技巧時可以參考。

建立和維持健康與支持性的關係並不是簡單的事，二十多年的輔導經驗讓我清楚知道，人際關係是許多人成長過程中的困擾，甚至是一輩子的煩惱。

在社會情緒學習的範疇中，自我覺察是社會覺察的基礎，而關係技巧的發展關鍵在於社會覺察。這些能力一環扣著一環，彼此相互關聯而不可分割。

關係技巧的要素

我認為一本書的分量都不足以完整說明關係技巧，礙於篇幅，我先從CASEL提到的幾個面向著手。

一、溝通能力：

培養孩子溝通能力的關鍵**在於對他人的理解，要有能力站在對方的立場思考，要能用對方理解的語言與其對話**，這是為什麼我認為社會覺察是關係技巧基礎的原因，唯有先理解對方的狀態才能說出對方聽得懂的話。那麼，要有好的溝通能力就必須要**先學會傾聽與觀察**。

這些年的輔導經驗中，常見到不擅長溝通的孩子，通常容易卡在不具備足夠的自我調節能力，在與他人互動時，因為受到對方的刺激，情緒反應很快啟動，這樣不穩定的表現造成他在溝通上的阻礙。還記得我在前面幾章提過的嗎？情緒是有功能的，它可以是溝通時的助力，也可能會是溝通時的阻力。

二、文化力：

理解對方是開啟溝通的起點，不同的群體常會有屬於自己群體的特性，這些是長年累月的積累。我們常會聽到「入境問俗」，就是這個道理，用在地人的語言對話，不僅能拉近關係，更能精準掌握對方想法上的細節。

文化回應教學能清楚解釋文化力的重要性，所謂文化回應教學指的是教學者應察覺不同文化背景的學生差異，並能以教育方法回應學生受文化塑模形成的學習行為。這個概念起源於一九七〇年代，希望教室內的教學能夠參照族群特色，在課程和教學上考量學生的文化背景與學習型態，以學生的母文化作為學習的橋梁，以達到協助有文化差異學生能夠有更公平的機會去追求卓越表現的目的。

對老師來說，要能理解與自己不同文化背景的學習者，並依據對方的文化脈絡設計教材與課程才有機會達到有效教學的目標。與他人互動溝通也是一樣的，文化不僅帶來語言的差異，也蘊藏著人際互動習慣的差別。生活中常見的經驗就是到朋友家作客，應該就能體會每個家庭生活習慣的不同。對孩子們來說，去朋友家作客、去陌生地點旅遊，就是一個很好的練習覺察不同文化的機會。

三、建立關係：

我常提醒身邊的孩子，**建立關係的第一步是不要被別人討厭**。怎樣能夠不被人討厭呢？除了重視基本的衛生習慣與禮節外，就是要能把握做人處事的道理，像是重視誠信原則，所謂的誠信就是說到就要做到。這是我常提醒家長和老師的，不要對孩子開空頭支票，承諾孩子的事一定要做到。

在輔導工作中，我常會需要與剛認識的個案建立關係，除了上述談到的溝通技巧外，最簡單的一種做法就是「**投其所好**」，理解孩子的需求與喜好，想辦法透過這些媒介與孩子建立更進一步的關係。這是為什麼我會想要去看動畫片、去了解孩子在關心的動漫與遊戲，因為這些都是我與孩子社交的基本工具。

四、團隊合作和與他人一起工作的能力：

要完成一件複雜的事通常需要團隊合作，工作後的這些年，我對團隊合作有更深的體會，要讓一群有能力的人共同完成一件事本身就是困難的，所以我們常會聽到，難的不是做事，通常有問題的都是人。

團隊合作需要仰賴前面提到關係技巧的能力，像是團隊內成員的溝通能力、文化力與建立關係的能力。此外，我認為影響團隊是否能合作的關鍵能力是團體成員是否能相互理解與體諒。而理解與體諒的基礎，是願意配合別人，甚至稍微犧牲一些自己的利益。這個利益可能不見得是實質的報酬，也可能是單純自己的偏好、意願與想法。如果一個團體中，大家都不願意為了團體目標而妥協，那麼這個團體就很難維持下去。當然，和自己不喜歡的人一起工作也是一種能力，如何撇除個人喜好，為了共同目標而合作，也是許多人在群體中的課題。

五、衝突解決能力：

與他人互動的過程中，衝突在所難免，因為每個人都是獨立的個體，擁有不同的特質，在不同的環境中成長，有著不一樣的價值觀。在與他人合作的過程中，有能力化解與他人的衝突，甚至善用衝突的力量，化阻力為助力，才能創造更大的價值。

在合作中，衝突不見得是壞事，有些人害怕衝突，為了避免衝突，寧願選擇鄉愿當個濫好人，這樣的關係技巧或許能帶來短暫的和平，卻可能沒辦法把事情做好。面對問題時，應該秉持實事求是的態度，用愛心說實話，才有機會把事情做好。

六、幫忙他人與求助能力：

為團體目標努力，有時候需要把個人成就或利益先放一邊，很多時候，你看似在幫助別人，其實也正在幫助你自己。團隊任務通常是以團隊成果來思考，那麼別人的好也就是你的好。舉例來說，籃球比賽只要有任何一個隊員得分，那麼全隊就都得分，因此成就別人也就是在成就自我。因此，在我們能力範圍內應盡可能的幫助團隊夥伴成功！

除了幫助別人，有時候我們可能也會需要別人的幫助，適度尋求他人的協助，或許可以讓問題更有效率地解決。但對於有些人來說，向別人求助可能代表著他的失敗，很多人在面對自己的不足時是很痛苦、難以接受的，但唯有接納自己真實的狀態，拋開面子，才有可能帶來真正的突破與改變。

七、領導力：

要領導別人前應該先學習如何配合別人，唯有如此，才能揣摩互動對象的需求與習慣。領導者應該帶給他人願景與希望，以身作則，在團體當中要能隨時補位，主動協助需要支援的同伴。好的領導者需要做好決策，帶領方向，同時要能管理好時間，設定具體可行的目標，並且照顧好團隊內夥伴的需求。

與領導有關的參考文獻不計其數，坊間也不乏跟領導統御有關的書籍，對於孩子們來說，能在群體當中影響其他同伴，讓他們照自己的遊戲規則行事，那會是多麼有成就感的事啊！

八、為他人的權利發聲：

很多時候，為他人權利表達立場並不是一件簡單的事，這樣的行為基本上是秉持著不求自己利益的態度，因慈悲心、憐憫心驅使而為他人出頭、爭取權益，就像我先前提到的，這需要有勇氣站在自己認為正確的方向。

除了上述八點，近年來大環境相對關注的議題，像是情感帳戶、情緒價值、情緒勒索……等，也都是應該理解的重要觀念。此外，在網路與AI時代的關係技巧更應擴展到線上，而不只局限在實體互動。

我從前輩身上學到的關係技巧

進入誠致教育基金會協助建置均一教育平台的那三年，我在關係技巧上有許多重要的學習機會，董事長方先生是很厲害的教練。

第一週去報到時，方先生就拿了一本《與成功有約：高效能人士的7個習慣》跟我分享，書中談的公眾的成功對於關係技巧有很深刻的著墨，這部分我也在《曲老師的情緒素養課》中有詳細解說。簡單的說，雙贏思維幫助我們有更好的社會覺察，**知彼解己就是最核心的關係技巧**。

此外，在方先生身邊工作的三年中，對於組織運作中的人際互動有很多新的學習和體會。舉例來說，方先生時常提醒我們要重視誠信原則。所謂的誠信原則有兩個層面：其一是說的等於做的，換句話說就是說到做到；其二是告知的義務，要適時向相關的人揭露訊息，什麼時候要說？要說什麼？要向誰說？這些判斷非常的挑戰，但也是誠信原則中很關鍵的部分。這也是我還在持續練習的。

當時令我印象很深刻的還有開會原則：如果一場會議中有人的名字被提到三次，但這個人不在會議中，就應該邀請他與會。不然這個討論就會變得沒效率，重要訊息沒辦法流通，甚至要冒上轉譯的風險，還有可能變成私下的抱怨大會。要記得，沒有人喜歡從別人的嘴巴裡聽到自己的消息。

最後，還有一個我認為很重要的心態，那就是**沒有人是完美的**！第一次從方先生口中聽到這句話時真的有被療癒到，雖然已經忘記當時在探討什麼問題了，但應該就是我當時對人蠻有情緒的。

沒有人是完美的，是絕大多數人都能接受的概念，對於調整認知卻異常有效。尤其是在被某個人氣得半死的時候，搬出這句話來總能讓自己稍稍釋懷。沒有人是完美的，每個人都會犯錯，能平息不少面對人際關係時的憤懣，有這樣的體認能消弭不少團體中人與人的紛爭。

曲老師的SEL心法

領導力是社會情緒學習的展現。

什麼是領導？領導（lead）一詞在印歐語的字根「leith」，意思是向前出發，並消弭任何裹足不前的可能性。這些年，我在專業工作中的嘗試和突破，在進行很多挑戰性的活動時，身邊總有一群夥伴同行。

我從小到大有不少與領導有關的生命經驗，像是小學組社區棒球隊、國高中參與班上籃球隊、大一時和夥伴們獲得新生杯籃球賽冠軍、大二辦理全國特教系運動賽事特大盃、大三擔任特教系系學會會長、研究所畢業後創業，接著邊創業邊參與均一教育平台建置，邊創業邊辦理實驗教育學校。

雖然過去做了那麼多事情，但如果問自己，「我有在領導嗎？」在創業之前的生命經驗，我對於領導的概念非常模糊，也不覺得自己在領導方面有什麼特殊表現。

在思考這個問題時，我嘗試自問自答，像是「為什麼我喜歡搞這些？單純覺得好玩嗎？我喜歡出風頭嗎？我的個性是如此嗎？我在這些經驗中的學習是什麼？在這些經驗中我犯了哪些錯誤？應該把握什麼原則可以把這些事情做得更好？」這就是所謂的自我覺察。

在成長的歷程中，我越來越清楚的知道我喜歡「無中生有」，我喜歡從0到

1的工作，我喜歡挑戰困難的事！我也喜歡改變我身邊不合理的事！這些天生的特質讓我更有機會參與領導工作。因為就像管理學大師彼得．杜拉克（Peter Drucker）說過的：「創新是領導的特定工具，具有創新思維的領導人，總善於利用創新改變現實！」當我要帶領一群人往前走，我勢必要有能力透過創新改變現狀、解決問題。

過去也曾和孩子們討論領導這個概念，有些孩子主動表達自己是有領導意願的；也有孩子表示自己並不喜歡領導，但喜歡在團體中把自己的事情做好，對團隊做出貢獻。其實對我來說，無論在組織的什麼位置，把自己的角色扮演好就是落實領導最好的表現。

領導力是社會情緒學習的體現，我們可以鼓勵孩子們自我覺察，知道自己擁有哪些特質，因為不同的特質會帶出不同的領導風格，這無關乎自己在團體中的位置；鼓勵孩子們練習自我管理，畢竟管好時間與執行功能高度相關；鼓勵孩子培養社會覺察能力，就有孩子在分享中提到，領導就是知道團隊夥伴的能力，然後讓他們能發揮自己的能力；鼓勵孩子們鍛鍊自己的關係技巧，就像有孩子分享領導需要傾聽、溝通。最後，就是要擁有負責任決策的能力！一位領導人的決策通常會對一群人帶來影響，能力越大、權力越大，責任也就越大！

什麼是情感帳戶？

在《與成功有約》一書中，作者史蒂芬·柯維（Stephen Covey）以情感銀行帳戶來比喻人與人之間的信任度。情感帳戶就像銀行帳戶一樣可以提、存，可以進行情感的儲蓄和支出。就柯維的經驗而言，這些行動對人際關係中的信任度都會造成影響。

儲蓄指的是先努力理解他人、信守承諾、誠實、開誠佈公、和善有禮、雙贏思維、對不在場者保持忠誠、道歉、接受回饋意見和寬恕。適時的儲蓄、有紀律的儲蓄能提升人與人之間的信任感。

情感帳戶的支出則包括：不理解他人、不關心他人、不信守承諾、不道歉、不忠誠、不尊重等行為。

透過不斷的存入，避免支出，才能建立良好的人際關係。

什麼是情緒價值？

情緒價值（emotional value）一詞源自經濟學與行銷學領域。二〇〇一年時，美國學者傑佛瑞．貝里（Jeffrey J. Bailey）將情緒價值定義為顧客感知的情緒收益與情緒成本之間的差值。情緒收益是指顧客的正向情緒體驗，而情緒成本則是顧客的負向情緒體驗。

有部分學者認為，除了實用價值（functional value），只有當顧客與企業互動的過程中獲得情緒價值（良好的體驗、感覺受到尊重、獲得自信感受），企業才能提升客戶對品牌的忠誠度與好感度，進而建立核心的競爭優勢。

情緒價值一詞在中國大陸廣泛被應用，在二〇二三年成為年度流行語，透過社群媒體的影響進入臺灣，並延伸至人際關係的運用。

在日常生活中，情緒價值指的是能讓對方感覺到被陪伴、被支持與被接納，進而產生滿足、平靜或幸福感。簡而言之，情緒價值是一個人可以影響他人情緒的能力，激發他人正面情緒，以及給人美好的感受。

當人的情緒能被看見、被理解、被重視與被支持，進而感受到自己在關係中的價值，不僅能提升個人的心理健康，也能促進情感的穩定發展。

什麼是情緒勒索？

情緒勒索（Emotional blackmail，亦可稱FOG）一詞於一九九七年由心理治療學家蘇珊·佛沃（Susan Forward）提出，意指一種在關係中不願意為自己的情緒負責，並企圖用威脅利誘的手段控制他人。

它同時也是一個理論，主張恐懼（Fear）、義務（Obligation）、罪惡感（Guilt），縮寫為FOG，意識就是如迷霧（fog）一般之雙關語，是一種控制者與被控制者互動的關係。當我們理解這樣的互動狀態（dynamics），對於嘗試要從他人的掌控中跳脫出來是有幫助的，也有助於克制為他人做出不舒服、非自願、甚至自我犧牲的行為。心理學家榮格用心理陰影（shadow）的概念來說明這種情緒不舒服的根源其實來自當事人內在的陰影。

會出現情緒勒索的控制行為，其實源自於合理的欲望，像是渴望被愛、被需要、尋求安全感和價值感，或是希望得到他人的欣賞等。上述這些需求都是很正常的，但關鍵在於勒索者在滿足個人需求時，忽略了他人的需要與感受。

情緒勒索是一種操縱策略，勒索者利用被勒索者的情緒來控制或說服他們。任何人都有可能成為情緒勒索者，即使是小孩子也不例外。情緒勒索者常採用的手段包括：提出要求、施壓、使用直接或間接的威脅。這些行為可能是隱晦不易察覺的，但是都可以達到操縱的目的。

蘇珊．佛沃與唐娜．費瑟（Donna Frazier）在《情緒勒索：遇到利用恐懼、責任與罪惡感控制你的人，該怎麼辦？》中指出，常見的幾種情緒勒索者類型，分別是懲罰者（Punishers）、自虐者（Self-Punishers）、受苦者（Sufferers）、引誘者（Tantalizers）。

懲罰者傾向於使用懲罰和威脅，以控制他人的行為，如果對方不按照他們的期望行事，他們可能會以言語或行動施加威脅，讓對方感受到負面後果。自虐者會將自己的情感需求置於他人之上，常常將自己置於受苦或犧牲的位置，他們可能會表現出自責、自虐或自我犧牲的行為，期望引起他人的同情或照顧。受苦者常常將自己描述為受害者，以博取同情或關注，他們可能會將負面情緒或困難置於他人之前，期望他人為他們提供支持或照顧。引誘者傾向於利用引誘和誘惑來控制他人，他們可能會使用誘人的承諾或獎勵來操縱對方的行為，以達到自己的目的。

我們要能夠即時覺察自身的處境，身邊是不是有這樣的毒性關係。若發現自己正在經歷被情勒的情況，要先立好界線，明確設定自己可接受和不可接受的行為，必要時向他人尋求建議和支持。

情緒界線是指在我們的情緒上與他人拉開一個距離，找出不能被他人侵犯的「領域」。這個領域是我們所擁有的真實情緒感受，是與他人有所區別且不會輕易受到他人影響的，沒有情緒界線容易把他人的情緒當成自己的情緒，或是受他人情緒所影響，**情緒勒索就是建立在情緒界線模糊不清或毫無情緒界線之上。**

保持自我覺察，才能認識與接納自己，並進而學習肯定自我與提升自我的價值感。如此，才能拉出一條情緒界線，不輕易替他人情緒負責而淪為被勒索者。同時，也為自己的情緒負責，才不會在不知不覺中成了情緒勒索者。

與他人互動可以善用「鼓勵」的技巧

課程一開始，幾個孩子表現出懶散、不太想要參與的感覺。但活動規則是每個回合每個人都要輪流發言，輪到那些被動的孩子時，只要他們主動表達，我都即時肯定他們的努力。就這樣幾個回合過去了，他們仍配合完成活動沒有放棄，我想，應該是每個回合中的那個肯定推動他們持續參與。即便他們的表現不到理想的標準，我仍然選擇即時鼓勵他們，肯定他們願意努力，對他們表達認同。簡單的說，我要發掘各種機會鼓勵他們！這樣的狀態是發自內心的。

這樣的互動歷程，讓我想起阿德勒心理學中談到的五種鼓勵的語法：肯定特質與努力、指出貢獻與感謝、看重努力與進步、表示信心、傳達接納與認可。近年來，我的專業工作已經從單純的家長、孩子推展到不同專業領域的職場環境。我認為這樣的互動方式不限定於與孩子相處，也可以應用於工作場域與夥伴們互動。以下是幾個小技巧：

一、**肯定特質與能力**：指出夥伴的特質或能力，並且描述實際的表現或具體事件。透過觀察、發掘夥伴正面的特質和能力，並且說出來，讓夥伴知道你看到他的好；工作夥伴透過你的回應，知道自己被看見了，也會因此相信自己確實有這些特質或能力，建立起對自己的認知、評價和感覺。

二、**指出貢獻與感謝：**說出夥伴具體的表現和該表現帶來的影響。指出夥伴行為帶來的貢獻並向他道謝，這會讓工作夥伴感覺自己是有能力、有用的人，在團體中獲得歸屬感。

三、**看重努力與進步：**描述夥伴的表現並指出其努力與進步。許多人仍有贏過他人的競爭心態，這會產生忌妒與攻擊的情緒。自我成長需關注在自己身上，需要信心與勇氣，養成超越自我的動力。有時候，在實事求是的復盤檢討後，也應關注夥伴在過程中的用心及努力，讓他明白努力的價值，不會單從結果來評斷自己。

四、**表示信心：**陳述支持信心的客觀證據和我相信……，對工作夥伴的信心，能夠讓其更相信自己，勇於接受新的挑戰。最好能舉出客觀證據來支持我們對於夥伴的信心，善用過去成功的經驗當例子，讓他知道，「我對你有信心，你可以的！」

五、**傳達接納與認可：**試著從工作夥伴的立場去感受他的行為、表現、情緒等，夥伴會覺得自己受到接納。這類型的鼓勵傳遞著關心與重視。

鼓勵和讚美是有差異的。鼓勵是無條件地接納，讚美是有條件地接納；鼓勵強化內在評價，讚美強化外在評價；鼓勵強化內在動機，讚美強化外在動機。鼓勵的基礎是重視每個人的獨特性，讚美的基礎在於相互比較。阿德勒認為鼓勵能給人們持續行動的勇氣，我在務實工作中也確實發現是這樣。

幽默和自嘲是更高層次的社會性互動及認知調適的策略

幽默（humor）由林語堂音譯而成，意指詼諧和風趣之意，是對人類具有同情心的語言，而非搞笑或是諷刺。

幽默之所以能保存於人與人相處互動之間，或許是一種演化的結果。曾有美國的研究發現女性偏好幽默的男性。有不少問卷調查也都顯示，女性將幽默感列為交友、擇偶的重要條件之一，可見幽默感也是男性能否順利繁衍下一代的重要能力。

要能展現幽默，其中的關鍵在於必須具備相當程度的社交智慧，首先，要能理解他人為什麼會覺得好笑？簡單來說就是具有社會覺察的能力。

幽默除了能讓社交情境的氛圍變得輕鬆，也能拉近人與人之間的距離。此外，幽默更是幫助我們調整認知，重新架構問題的一種思考策略。舉例來說，讓我們氣得半死或是尷尬難為情的情境，都有機會藉由幽默加以化解。前英國首相邱吉爾曾在演講時收到台下群眾辱罵他的紙條，上面只寫著「笨蛋」。邱吉爾看到紙條後沒有發怒，他對著台下聽眾說，「我收到的這張紙上面只有署名沒有內容。」

在討論時，許多孩子都有印象自己在生活中曾經運用幽默這個策略來幫助自己，但要大家分享卻怎麼也想不起來。我決定鼓勵大家更仔細的觀察自己的生活情境，並且把它們記錄下來。

根據我的觀察，生活中很多人是透過「講幹話」來展現幽默。當中不乏透過自嘲的方式調侃自己。有人說，自嘲是幽默的最高境界，要能夠有穩定的調節能力，才有辦法拿捏好自嘲這個策略。對我來說，自嘲在青少年時期是一種相對風險較高的策略，沒操作好不但沒有積極的效果，反而會讓自己陷入困境，淪為同學們真正的笑柄。

我也和孩子們分享我的自嘲情境，那就是善用我無法掩飾的光頭特徵，在許多場合，開自己髮型的玩笑成為我和其他人變得接近的策略。

也有表演工作者說自嘲是需要當事人內在對於正在揭露的議題有高度的接納，不然自嘲帶來的情緒波動可能會超越當事人對自我狀態的理解。

討論中我再三強調不要隨意調侃他人，不要以揶揄他人來當作幽默。這種幽默，很容易得罪他人或是傷害別人。

如何培養幽默感？

培養幽默感要從觀察日常生活的細節開始，因為生活中的事物多半都是大多數人的共同經驗，所以不妨從生活中的經驗和觀察開始。此外，在能力範圍內多經驗、多參與各種不同的活動，練習發掘他人的內在狀態，保持對事物的好奇，擴展思維。

多與有幽默感的人相處，平時就有意識收集與幽默有關的題材（就像前面提及的練習），像是社會名人、政治人物和歷史人物都是我們可以學習的對象。

總歸來說，培養幽默要從觀察生活開始！林語堂曾說：「人生在世，有時笑笑人家，有時給人家笑笑。」有時給人家笑笑，或許就能帶來意想不到的效果。

曲老師的SEL心法

身邊的許多孩子因為先天特質，常在人際關係中陷入困境，舉例來說，當他面對與自己預期不同的結果時，可能因為無法接受而大發雷霆，或者用拙劣的方式表達自己的想法。說好聽一點叫做直接，說難聽點就是白目。他的表達不僅無法達到目標，更有可能傷害彼此的關係，帶來無法彌補的傷口。

在觀察中我也發現，有些孩子不知道從哪裡學來的，會用物質的方式來討好他人，例如有些孩子為了交朋友，會主動買東西給別人吃、買飲料給別人喝。我認為禮尚往來是有必要的，但為了與他人建立關係，不斷地用物質收買對方，並不是健康的關係技巧，很多時候只有短效並沒有長效。

我常會鼓勵孩子，不要用物質來換取關係，越高貴的情誼往往不是金錢或是物質換來的。重視誠信原則，保持對人的熱情與善念，就有機會建立長期穩固的關係。

此外，團體中難免會出現一些孩子對人際互動不得其法，想要和別人一起玩，但沒有足夠的關係技巧支持他這麼做。其中的因素可能很複雜，可能是過往的恩恩怨怨，也可能是當下的情境，能力上的差距，如果孩子經常讓別人感覺他在狀況外，那麼要讓他加入本來就是一種負擔。對孩子們來說，他們都只是單純的想玩、求開心，期待他們要讓「不喜歡」的人加入也有些違反人性。

對年紀小的孩子要談同理，本來就不是那麼容易的事，改變需要引導，大人可以創造一個安全、友善與多元的環境加以薰陶。我喜歡用薰陶這個詞，因為它不是立刻、馬上就會出現變化，循循善誘，需要時間。

陪伴孩子練習關係技巧

最近觀察到有些小夥伴遭遇無法加入團體的困境。缺乏社會技巧的孩子渴望融入大環境中的小團體，想要加入「大家」一起玩，但是這些小團體並沒有那麼歡迎他（們）。如果缺乏關係技巧的孩子恰巧又性格固執堅持的話，這時往往就會出現僵局，甚至衝突。畢竟不能小看這些孩子的固著性，缺乏思維彈性，要改變他們的行為模式需要時間。根本問題是他本能的渴望和同儕玩耍，面對人性的驅動力是最難調整的。

面對這樣的困境，我們還可以做些什麼？

對於想要加入別人的孩子，我們可以趁機讓他練習自己的社會技巧，除了融入的技巧，還要學習認識與辨識他人的想法，簡單來說，就是培養社會覺察和關係技巧。舉例來說，大人可以引導孩子**覺察當下的處境**，別人在打排球時不希望你加入，很有可能是因為你排球打得很爛，對同學們來說，他們是在玩，沒有義務要陪你或是教你打球，要加入這樣的團體，是不是應該先把排球練好？要加入他們，請先掂掂自己的斤兩。要認清現實、要有自知之明，自我覺察是人際關係的基礎就是這個道理。

對於那些覺得被干擾、被打擾的孩子，更應該**學習如何好好的拒絕別人**，有些人就是那麼固執，你拒絕一次，他還會來第二次，拒絕第二次，還有第三次……他們的堅持不應該成為自己受控施暴的理由，是的，孩子們可能會覺得很煩，或許有時候會控制不住情緒而出現過激的行為。這些狀態都是能理解的，但絕對不應該輕易合理化非理性的行為。

再舉個例子，「他講不聽就用暴力解決！」是的，我們的社會很多時候就是這樣，但不代表這就是合理的作法。大人可以陪伴孩子練習檢視被打擾的當下，**是否能用尊重對方的態度讓對方理解自己**，像是直接好好告訴他不想讓他加入的原因（知彼解己），如果只是不耐煩的抱怨，那是達不到溝通效果的。

不可否認的，強勢的捍衛自己的領域或者說自我保護也是重要的能力，但是，暴力通常會帶來更多的暴力，還潛藏著不可預期的風險。有時候，孩子的衝突源自於其中一方講不聽（白目），但用暴力解決的後果可能帶來更嚴重的傷害與意外。保持風險意識，學習更有智慧的自保是每個人長大過程中重要的課題。

就像前面談到的，**改變需要時間**，面對這樣的問題尤其如此，老師的介入可能不會有立即性的改變，所以需要耐心等待，持續和老師合作，表現出自己影響圈內的行動。在這樣的互動關係中，我們沒辦法勉強孩子接受，否則無論是哪一方都會委屈。其實人與人互動不需要勉強，委屈來的關係也不健康。

環境中的大人就像連接彼岸的那座橋，搭橋需要時間，關鍵的是保持成長型思維，不要放棄改變的可能性，創造安全友善的氛圍，尋求與孩子們合作，讓孩子看見自己也理解他人。

關係技巧的練習

練習是根據社會情緒學習工作坊的課程設計而來，建議家長和老師可以陪伴孩子一起練習。

❶ 打電話給夥伴聊天一個小時，並且將你們的對話用文字記錄下來，並且在小組中分享你們聊天的過程與細節，例如你們如何開啟對話？對話過程中彼此分享了什麼事情？以及在這段談話過程中，有沒有什麼讓自己印象深刻的部分？對話過程中如何銜接話題？如何結束話題？並將這個過程與團體夥伴分享，並請其他人給予建議，看看這個對話過程是否符合社交禮儀。

❷ 練習用社群軟體傳訊息給對方，請在結束後讓夥伴彼此練習檢視這些訊息的往返是否符合社交禮儀，或是否能清楚傳達想要表達的資訊。

❸ 當我們與他人發生矛盾或衝突後，給自己一段時間整理這個互動經驗，並且把它記錄下來。

❹ 找到二～三個夥伴一組，以任何一場國際賽事或是大型活動當作主題，像是奧運比賽、世界棒球經典賽，找到任何一個自己有興趣的項目當作報告主題。

❺ 找到二～三個夥伴規劃一趟輕旅行，包含行程安排、預算花費、交通住宿和相關活動的規劃，並且確實的執行它。

7 負責任的決策：做出明智的選擇與承擔

根據CASEL的定義，負責任的決策需要展現好奇心並保持開放性的思維，能定義問題和解決問題，並分析當下的情況與可能的結果。在決策的過程中能考慮道德責任，並反思個人角色對促進個體與群體幸福感的意義。做決定之所以重要，是因為這是每個人日常生活的必須，無論是什麼決定都影響著我們的生命，有些決定甚至可能影響我們一生，甚至影響著其他人的人生。實際上，大多數人通常會輕忽決定、選擇對自己帶來的影響，也可能是無法預判後果，或是輕視後果，不加思索就草率行事。

負責任決策的重要性

做決定是每個人生命當中共同的經驗，小到食、衣、住、行、娛樂活動等生活面向的不同活動，大到人生中重要的選擇，像是要不要跟這個人交往？要不要跟這個人共組家庭？要不要換工作？要不要投資理財與置產？要不要安排出國旅行？甚至是民意代表對法案、國家政策的決議等等。

這些選擇、決定其實都是我們價值觀的體現，有些決定影響深遠，有些決定影響的層面廣泛，雖然是自己做的決定，但絕對不是只有自己會受到影響，比如正處於青春期的少年，晚上偷偷騎家裡的摩托車載朋友出去兜風，如果發生意外，那麼受到影響的人除了少年本身、和他一起出去玩的朋友、雙方家長，甚至還有意外中波及的其他群眾。

再者，如果回到教室的場境，孩子可能因為不喜歡某個同學或老師，除了平時私底下和其他同學碎嘴，甚至運用社群媒體拉幫結派，在網路上傳遞有傷害性的言論，這些行為影響的層面和後果通常是遠超過一個孩子能想像的。更不要說因為對性好奇，未成年就偷嘗禁果，除了可能負擔法律的責任外，也可能對他人帶來長期的傷害。

就因為如此，負責任的決定才那麼重要，我們常聽到「三思而後行」就是這樣的提醒，畢竟任何一個決定都可能帶來漣漪與波瀾。至於負責任的決策包含評估眼前的情勢、個人現況與條件，以及預先思考這些選擇可能帶來的後果，而這些結果是否是自己願意承擔或是能夠承擔的。

決策前的思考

負責任的決策（responsible decision making）是指在不同情境下，對個人行為和社會和互動表現出「關懷」和「建設性選擇」的能力。最好的體現就像電影《不可能的任務》中的伊森．韓特或是英雄電影中的超人，能為了那些素未謀面的人奮戰不懈！負責任的決策是指當我們在運用問題解決技巧做出決定時，能盡可能考慮所有變項的能力。在進行決策時通常會提出以下幾個問題：

一、我使用什麼標準來做出道德選擇？

二、我的行為和社會互動方式如何符合社會規範？

三、我會考慮（行為之後的）後果嗎？

四、我是否展現出好奇心和開放的態度？

五、做決策時，我傾向分析訊息、數據和事實，或是只憑直覺行事？

六、我如何確定問題的解決方案？

七、我是否運用批判性思考的技巧？

八、我在確保個人、家庭和社區福祉方面扮演了什麼角色？

九、我的決定如何對他人帶來影響？

我們的大腦會從自身和環境蒐集訊息，並利用這些資訊來權衡風險與回報，再根據相關概念和最符合利益的方式做出預測。它會依照自己做出的預測，選擇適當的行動和代謝需求，因為比起等待錯誤發生，然後再修正它們，預測是對自己更有利的方法。當出現預測錯誤時，學習就會發生。

若從新陳代謝的角度來看，預測錯誤就需要付出代價，因為大腦投入了不需要的資源或提供的資源不足以應對任務要求。因此，透過記住經驗，我們學習到哪些行為該重複，哪些行為不該重蹈覆轍。大腦也會從比預期結果更好的經驗中學習，當這樣的情況發生時，大腦就會分泌多巴胺，提供短暫的愉悅感，幫助我們記住這種美好的經驗。

負責任的決策是在行動前能多方考量，同時也是為自己的決定負責，承擔相關的後果。負責任的決策是合乎道德、安全、關懷和建設性決定的能力，在決策的同時會注意個人行為的後果或不同選擇可能產生的潛在結果。關鍵是讓孩子理解積極決定可能帶來的成長和改變，消極的決定則可能會產生相反的效果。

在研究人類決策歷程的心理學家特別提出當中的挑戰、策略與偏誤。舉一個常見的例子來說，我們可能囿於過去的經驗影響自己當下的判斷，比如，曾經偷拿過同學東西的孩子，只要班上有東西不見時，就很有可能被當作疑犯對待。因為信念可能帶來偏誤，要小心自己信念的影響。

如何達到負責任的最佳決策？

在決策過程中，我們可以怎麼做來達到負責任且可能的最佳決策呢？以下幾點是既可以承擔責任又可以提升決策品質的方法：

一、**注意身體預算的影響：**睡眠、營養和運動是幫助我們調節與穩定的基礎，當身體處於最佳狀態，就能幫助大腦做出好的預測。身體預算會影響我們的決定，在決策歷程中要有意識覺察身體預算對自己帶來的影響。比如，目前身體的狀況是否影響了我對於情緒的預測？舉例來說，在我過去籌辦的營隊訓練活動中，常會陪伴孩子體驗高度耗能的情境，對團隊內的大人來說也非常挑戰。我應該要更有意識地覺察到，許多心情上的波動可能源自於生理需求未受到滿足，比如孩子是肚子餓了，而非只是情緒不好而不理人。簡單來說，當在覺察自我的情緒狀態時，也要同時評估生理因素對決策可能帶來的影響。

二、**排除信念的影響**：我們如何解釋現在的經驗是基於過去的經驗？我們與世界互動的方式受到語言、文化和家庭的影響，當中隱含的是信念和價值觀對我們帶來的影響，我們的決定通常是基於我們對事物的看法，而要能清楚掌握自己的價值觀倚靠的是平時的自我覺察。換句話說，自我覺察、自我管理都是負責任決策的基礎。

三、**提出關鍵的核心問題**：常有人說問對問題，問題就已經解決一半。有能力提出核心問題代表對於當下的問題有一定的認識和掌握，比較有能力對問題進行分析，幫助自己做出有品質的決定。

四、**設定檢核點與停損點**：為決策可能帶來的影響設定檢核點，並預先考慮這些決策帶來的風險，以及自身能承擔後果的程度，必要時思考相關可能的停損點。舉例來說，我們都有可能幫忙協調身邊朋友、夥伴衝突的機會，但有些矛盾並非外人可以介入的，有些問題或關係的改變需要時間，如果無法妥善處理，或是無法讓雙方都滿意，那就很有可能公親變事主，如果這樣的戲碼在日常生活中經常上演，那麼我們就需要更有智慧的決定，自己是否要涉入這樣的糾紛當中。

五、善用PDCA的策略：要想解決問題通常需要先識別和釐清問題，透過腦力激盪的擴散性思考，提出可能的解決方案，評估可能的解決方案後，並從中選擇可行的行動方案，嘗試執行後評估結果。根據上述的步驟，在實務工作中，我習慣使用PDCA的策略，反覆經驗計畫（Plan）、執行（Do）、檢核（Check）與再行動（Action）的歷程。

六、考慮群體利益：沒有人是獨自活在這個世界上的，換句話說，我們的決定和行動或多或少對其他人都會帶來影響，雖然有些影響可能不是顯而易見的，像是環境永續的議題、生活方式是否節能減碳、減少使用塑膠袋或是使用塑膠吸管。大多數的人可能會抱持著根本不差我一個人的心態。但若是每個人都這樣想，那這些公共利益的事務就永遠被擱置。考慮群體利益做出的選擇，有些時候可能看起來會帶給個人些許的不方便，但是就長遠來看，這些行動是追求共好、永續的關鍵。

在定點旅行的最後一天，我設計了一個屬於淡水老街的特色任務，那就是《人像猜謎》，讓小組成員推派一位夥伴當作模特兒，其他孩子要畫出他的畫像後給其他組的夥伴來猜。有來過淡水老街的朋友，應該對老街當中這樣的攤位有印象吧！

這個小組任務就交由小組長來帶領其他組員們完成，當各組完成畫像後，由我主持猜謎的環節。其中兩個小組的孩子們玩得不亦樂乎，因為無論畫得像還是不像都會讓孩子們笑鬧成一團。其中一組，畫的是團隊中的小妹妹，但是就當我在主持猜謎的時候，這個小妹妹抱著我哭了起來，因為她覺得哥哥姊姊們把她畫醜了！尤其是畫風特別強調她五官的特別，以及剛剛才新設計的髮型。

當下，我暫停了活動，先陪伴小女孩整理她的情緒，好在她很快就平復下來，接著我請另外一位老師陪伴她，我和這組的大孩子們圍圈坐在現場討論這個情境。

會想利用這個情境和孩子們對話是因為我知道這是可教導的時刻、可遇不可求的時刻，它比我原先設計的活動來得更有意義。我希望孩子們能更謹慎地看待自己的言行對他人帶來的影響，讓他們能有共感，尤其是團隊內的這些哥哥姊姊們，如果今天被畫的是自己，能否坦然接受別人如此的對待，畢竟看起來當事人是不樂意的。

同時，我也揭露了這個小女孩的身世，她的五官之所以特別，是因為本身染色體異常，出生時就罹患罕見疾病。當孩子們聽到這個消息時，大多默默的把頭低了下來。我鼓勵孩子們靜下心來思考，如果在這樣的活動，主角不情願被當作主角，那麼就值得反思一開始我們在決定對象時的歷程，當事人是否有意願成為那個被畫的對象呢？

這段討論不僅是在檢討這個決策歷程，也是屬於我的自我檢討，在設計這個活動時，或是活動進行前的引導，我應該要設想到這點，不然就有可能帶來這樣的後果。畢竟，我認為不適合用他人的容貌和特徵當作玩笑。除非當事人不在意或是願意自嘲，像是曲老師的光頭……小女孩真的很可愛，在我們討論後很快又露出燦爛的笑容。

謝謝這群孩子在對話時的真實反應，有些人應該對於小女孩的情緒感到錯愕，畢竟他們自覺沒有惡意，但是如果不是自願成為畫中主角的人，看到成品後的反應真的很難預期。其實活動這幾天我一直默默關注這個小團體的互動，能看見這群大孩子對團隊內小夥伴的照顧和指導，畢竟這是我們團隊內很重要的文化。但是也能感受到哥哥姊姊們對這個小女孩的言行反應與造型覺得有趣，尤其是她剛換了一個新髮型，但因為大孩子的社會技巧比較好，有感覺他們試著不讓這些訊息浮上檯面。但敏感的曲老師怎麼會感受不到呢？只是覺得孩子們會有分寸，不想過度干預青少年的世界。沒想到這個活動讓這個議題浮上檯面。

圍圈討論時，我和這群孩子們說：「其實你覺得她沒感覺，但是人家是會有感覺的，如果今天換作任何一個人和她有相似的處境，我覺得也會有不舒服的感覺。」我也對這群大孩子揭露了一小部分女孩的狀況，讓他們反思自己這五天的言行，無論這些是不是在檯面下的。在這段討論中，我很感謝孩子們認真的聽我分享與我對話，願在未來的日子裡，我們都能成為更細膩更溫暖的人。

擁有負責任決策能力的人會謹言慎行，因為他們清楚的知道所作所為對自己、對他人都有可能帶來實質的影響，任何的決定不應該只建立在為自己好的角度來思考，更不應該把自己的快樂建築在他人的痛苦身上。對於成長中的孩子來說，這是我會嚴肅看待的議題，畢竟很多孩子會輕忽自己的一句話、一個動作對他人帶來的傷害。

承擔決策結果

既然說是負責任的決策，那麼承擔後果便是其中重要的一環。

關於承擔決定的實踐因為受價值觀的影響，近年來已經有相關組織在探討時納入倫理學的概念，提出社會情緒和倫理學習（social, emotional, and ethical learning），這些組織認為增加一些關鍵的附加課程能強化社會情緒學習，我也認同這個方向，像是提升專注力的訓練（正念覺察）、培養慈悲心、強化倫理判斷力、復原力及創傷知情實踐都有助於我們落實負責任的決定。以專注訓練為基礎，透過基於創傷知情以及基於復原力的方法，確保學習任何其他新技巧的優化。透過以復原力為基礎的方法建立覺察、專注和安全感促發，都有助於承擔決定的能力。如果以慈悲為引導，孩子就不會只考慮自己，就能創造包容、關愛、感恩和同理的文化。同時也能意識到我們所做選擇背後的動機，而能從關注自我轉向關注他人，最終關注整個群體。

若從幸福感的相關研究來看，人類對於幸福的感知仰賴人與人的互動關係以及自己的時間是否投入有意義的領域，而非單純受成就高低影響。許多研究發現，人類容易高估成就對於幸福感的影響，換句話說，就算我們達成當初認為多麼了不起的成就，但美好的感受並不會停留太久，甚至會比原本預期的感受來得更低一些。真正影響幸福感的其實是許多日常生活中的小事，與自己相處、做自己喜歡的事情、和身邊的人互動。像是日常的休閒活動，和家人、朋友聊天吃飯……。那麼，社會情緒學習中談的自我覺察、自我管理、社會覺察和關係技巧就顯得重要。理解自己的狀態，和他人發展穩定的互動關係都會對幸福感帶來影響，這些也都影響著我們生活中大大小小的決定。這樣的價值體系讓我們在做決定時不會過於功利主義。

我非常喜歡當代心理學者大石繁宏則提出《內在富裕》的概念。他的研究發現，人常為做過的事後悔，但當時間拉長，人更會為自己沒做的事感到遺憾。當我們擁有越多有趣的經驗和故事，內在就越富裕。

換句話說，人生重要的不僅是目的地，更包含了過程，從新體驗和新知識中找到價值，能讓我們過上一個較少遺憾的人生。研究發現，內在富裕跟開放心態、外向等特質具有高度相關性。

這是我常鼓勵青少年勇於探索與嘗試的原因，只要沒有生命危險、不違法、經濟條件許可的事，那麼就都去試試看，這樣的決策結果絕對是我們可以承擔，也應該去嘗試的！

生命就是我們口中關於自己的人生故事，而我們如何述說自己的故事，又會回頭影響真實人生。每個人都可以透過新的生命經驗練習改寫自己的故事，更盡興地體驗人生。我們也可以說，人生的豐富程度，來自於那些預料之外的挑戰、探索與冒險！我們應該在生活與工作上保持玩心，勇於嘗試，避免自我設限。

幸福不是短暫的快樂，也無法單靠成就堆砌，它是一種需要時間，在日常中體驗與積累的富裕。有些時候，幸福甚至藏在我們願意直視不安、混亂和脆弱的時刻中，需要耐心醞釀，倚靠覺察體現。

在生活中落實負責任的決定

對孩子們而言，負責任的決策就發生在生活中每一天的選擇，進而練習為自己的選擇負責。換句話說，大人要培養孩子為自己的決定負責就需要適度放手，把選擇的權利回歸給孩子。

曲老師的SEL心法

在探討做好決策這個議題時，我特別鼓勵孩子們能在做決定前試著站在不同立場思考。就像孩子說的，如果與家人聚餐，在餐廳選擇上就要考慮不同家庭成員的喜好。舉例來說，如果剛好有人不喜歡某種菜式，那麼孩子是否能依據成員的偏好做出合適的選擇。這些大大小小的決策會在日常生活中不斷反覆出現，練習做決定是人生中不可或缺的過程。

負責任的決策也包含承擔決定帶來的後果，對於孩子們來說，上課要不要專心聽講、回家要不要好好完成作業，這些決定直接影響到的就是個人的學習品質。對於擁有自己手機、網路的孩子來說，若是無法自我控制，花費大量時間上網、玩遊戲，耽誤了原先要完成的任務，影響自己的睡眠品質，對個人生活作息帶來負面影響，這樣的行為當然就有違負責任決定的內涵。遇到這樣的情況時，我常會引導孩子覺察與思考當下行為對自身帶來的影響，對於環境中其他人帶來的影響，最常見的做法就是分析這些行動可能帶來的潛在後果，藉此希望引導孩子調整行為，避免無法或是不願意承擔的後果發生。

當然，有些孩子光靠說理是無法改變的，如果行為的後果是可以承擔的，那麼就需要借助後果的力量幫助孩子慢慢修正自身的行為，這樣的改變也會帶來未來選擇的不同。

決策結果不等於決策品質

負責任的決策被描述為做出合乎道德、安全、關懷和建設性決定的能力，同時注意個人行為的後果或不同選擇可能產生的潛在結果。負責任的決策是指個體能評估他們決策的潛在利益及後果。任何決策皆可能產生社會、情感、身體和智力的結果或後果。關鍵是讓孩子理解積極的決定可以帶來成長和改變，消極的決定則會產生相反的效果。

我曾經在討論中特別邀請孩子們分享這些年來生命經驗中困難的決定，有孩子提到自己當年從私校轉到公校的決定，因為過去我曾參與這個大孩子做決定的歷程，聽他分享起來感觸特別深。當年的他對自己的學習表現要求很高，就讀私校的時候成績總是名列前茅，但也因為如此，追求完美的高標準讓他壓力爆表，常常讓他喘不過氣來，連身心都受到影響。

在思考是否轉學的過程中，他一開始覺得轉學是對自我能力的否定，也認為從私校轉到公校是一種失敗的表現。經過一段時間的討論，我們都同意身體預算的重要性，如果私校的學習壓力會讓他常處於身心失衡的狀態，那麼照顧好自己的身心健康應該會是重中之重，在這樣的考量下，他才勇敢做出轉學的決定。

信念可能帶來偏誤，要小心信念的影響。信念也會自我繁衍，引導人們去注意，並尋找證實本身信念的證據，而且不會質疑或確認證據是否正確，並且會忽略或詆毀和自我信念矛盾的各種訊息。當我們列出一堆利弊得失都無法做決定時，那麼這就不會是一個好的決定。如果兩個選擇在分析過後覺得都差不多，那麼要選擇短期會讓自己比較辛苦的那一個。

面對決策，不能單純只用結果論。決策結果不等於決策品質，要敢於擁抱不確定性，重新看待決策結果不佳的這件事，可能只是剛好運氣不好，而非決策有問題。要用長期的期望值定義什麼是正確的，什麼是錯誤的。就像棒球比賽中教練下達戰術，卻沒有達到預期效果，有些人就會用結果來質疑教練的決策。同理，在籃球比賽中，教練設計的戰術明明已經讓球員跑出空擋，但就是沒有把球投進，我們不能因為這個沒投進的結果反過頭來檢討教練的安排。

對於決策，根據前面的內容可以總結三個重點：

一、建立系統性思考的能力和做決策的策略，像是做決策時可以諮詢有經驗人的意見。

二、避免陷入決策陷阱和被自己的大腦誤導。

三、想很久不如起而行。試試看，試了才知道答案，行動後檢視自己決定後帶來的影響。

曲老師的SEL心法

唯有將選擇權交還給孩子，孩子才有機會練習決策和承擔責任。

我們在臺東徒步旅行時，連續兩天的訓練相信對才剛加入隊伍的夥伴們來說應該蠻吃力的，好在老朋友的組成讓新夥伴很快就融入這個群組，也讓我在訓練時能保持在一定強度。

午休過後，我再次準備了一個題目和孩子們互動，希望刺激孩子們練習為自己做選擇。

題目是這樣的：等等可以選擇和曲老走十公里（往返）去吃麥當勞或是留在

民宿休息整理內務和洗澡，等我們買晚餐回來，為明天凌晨四點起床做好準備。

會祭出這樣的題目，純粹是希望挑戰一下手機網路和外送服務。畢竟這是一場「曲老+麥當勞」與「手機網路+外送服務」的頂尖對決！

其實影響孩子的決策是複雜但也簡單的！有些人純粹是為了麥當勞願意陪我走這十公里，但也真的有人因為是曲老的關係（鐵粉？）要跟著我走。

觀察孩子的決策真的蠻有意思的，有些人單純只是因為朋友想要選擇哪一邊，他就跟著選了。

徒步隊伍出發後，我就收到留下來的夥伴訊息：民宿老闆在水池放水，許多人在水池中玩high了！應該會有人覺得，這樣一來，選擇去麥當勞的人不是很吃虧？

但在一開始考慮這個選擇時，玩水就不在條件參數內，我認為這樣蠻符合人生做選擇的情境，永遠都可能會出現變數，不用因為後來的變化來檢討自己，畢竟這些都只是過程而已。當認真考慮，仔細評估做出選擇後，剩下來的就是經驗、感受和感恩這一切可能的結果。

負責任決策對領袖的重要性

負責任的決策是領導者的關鍵能力。所謂**負責任的決策指的是在不同情況中，考慮安全、道德和社會關懷等面向，並評估自我、他人與群體利益和後果所做出的決策**。能做出負責任決策的人，多半保持著開放的態度與對事物的好奇心，並能針對不同情境進行資訊分析並做出合理判斷，同時能進一步思考決策對自己與他人的影響。

二〇二五年全世界因為美國總統川普的貿易政策掀起波瀾，川普透過對等關稅希望能藉此管理美國的債務、振興美國製造業、奪回美國經濟主導權，逼迫各國重新進行貿易協商、保護國內產業免受不公平貿易行為的影響。各國元首也在對等關稅實施前陸續發表談話和提出可能的因應措施。這樣的情勢讓人想起歷史課本中曾經讀過的一九二九年經濟大蕭條。這場災難使歐洲許多國家破產，美國經濟的衰退減緩其他國家的發展，各國因自身經濟強弱衰退情況有所不同。貿易保護主義者抬頭，瘋狂尋求自保，導致其他國家以報復性關稅作為回應，加劇全球貿易崩潰。

這段期間川普的言行充分展現了民族主義經濟觀、反全球化思潮和保守主義，不僅失信且欺壓盟友，還漠視人權，這些都是對過往美國價值的否定。沒想到近百年後的經濟危機竟是為了讓美國再次偉大的總統造成的。雖然不難理解川普的企圖心和下這步棋的考量，但也刺激我思考，這真的是負責任的決策嗎？就連前美國總統歐巴馬都公開呼籲：「我不認為我們目睹的經濟政策、關稅對美國有利，在過去這段時間，我看到美國政府積極讓自己失去國際信譽。」

新加坡總理兼財政部長黃循財在回應美國增加10％關稅政策的談話時，非常精準的剖析小國的戰略思維。黃循財認為美國不是好的盟友，因為他說變就變，決策時只照顧自己利益。新加坡對美國長期處於貿易逆差狀態下仍要加增10％關稅，而新加坡政府決定不要以牙還牙，不會對美國施加報復性關稅，以避免增加新加坡人民的生活成本。可以看出新加坡總理試圖向世界各國喊話，不要加入美國貿易保護主義的行列，同時新加坡希望尋求志同道合的夥伴，建立新的自由貿易規則，創造利益共同體。

我認為人與人相處也是一樣的，唯有認清自己的處境，努力厚實自己的實力，同時建立自己的盟友才能避免被別人欺負。對於美國此次的關稅事件，投資大師巴菲特也表示：「我的確相信，世界上的其他國家變得更加繁榮，並不會讓我們付出代價。」實現繁榮並不是一場「零和遊戲」，一個國家的成功並不代表另一個國家的損失，兩個國家都可以蓬勃發展。

在只有我贏你輸的思維下，人類的自私和貪婪將會無限放大，很難落實負責任的決策。當這樣的心態常體現在生活中，像是有老師稱讚某一位同學時，可能引發有些同學的反感。其實，別人好並不代表你就比較差。看見別人的好時應該替對方開心，練習祝福他人，會讓我們的心越來越寬，路也會越走越寬廣。

負責任的決策練習

練習是根據社會情緒學習工作坊的課程設計而來，建議家長和老師可以陪伴孩子一起練習。

❶ 觀察自己平時做決定的歷程，自己有哪些考慮，當中有沒有什麼矛盾跟掙扎，決定後實際帶來哪些後果。

❷ 訪談你的家人，了解他們擁有什麼樣的價值觀，這些價值觀如何展現在日常生活中，並且將這個訪談錄音下來，並以逐字稿的方式呈現。

❸ 觀察你所在組織的領導者或是政治人物的言行與決策，並思考這些決定對他人帶來的影響。

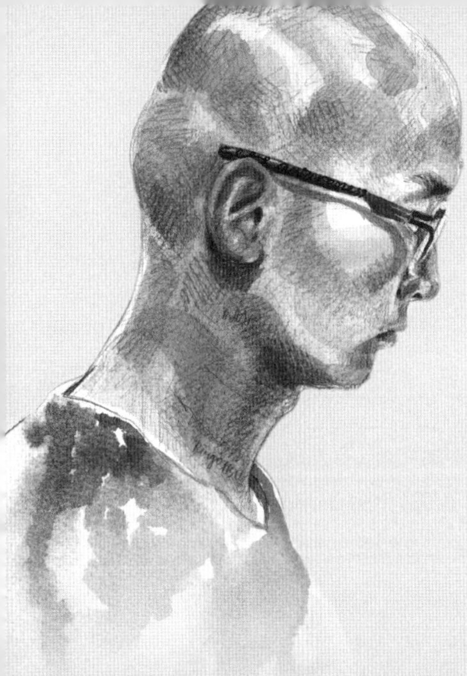

第三部

榜樣的力量：不同領域的情緒素養實踐者

在我們身邊，常有機會出現社會情緒學習的榜樣，可能源自於他們與生俱來的特質，或是他們成長經驗的淬鍊。但不同職業屬性對於不同面向的社會情緒學習能力存在高度依存的關係，或者說，在某些情境和領域中，對於社會情緒學習的某個面向會產生持續且具體的刺激。

8

自我覺察的榜樣

自我覺察是社會情緒學習的基礎，自我管理奠基在自我覺察，社會覺察能力的培養也關係到自我覺察的能力，關係技巧則仰賴社會覺察的能力。深度覺察能讓一個人更清楚知道自己的價值觀為何，平時的想法、意識和行動受到什麼樣的內在力量驅動，這些對於做決定有直接的影響。我們可以試著從不同人物的生命故事來思考社會情緒學習的體現，尋找可以依循的方向。

覺察是將注意力回歸自己，進入與自我相處的一種狀態。缺乏覺察經驗的人，可以試著找到一些情境幫助自己更容易投入覺察。想一想，在做什麼樣的事情時會讓我們不得不高度集中注意力？舉例來說，從事滑冰或是滑雪運動時，站在板子上時因為不想摔倒，我們會努力的想辦法平衡，這樣的狀態就是專注於自我的狀態，也是啟動覺察的開始。

將注意力放在自己身上，無論是平衡亦或是痛苦，都是清楚的覺察標的，可以說是練習覺察時有明確的目標，就像從事健身運動時，教練總會提醒我們，姿勢要正確，要用對的肌肉用力，不然運動效果就會大打折扣。從事瑜伽運動時，老師總會引導我們調節呼吸，讓我們試著感受身體的疼痛。

透過寶島野孩子的滑雪教練強森、小巨蛋特聘滑冰教練郁婷、健身教練Howard、有多年瑜伽教練經驗的PaNay的生命故事，讓我們一起尋找，這些活動是如何刺激他們進行自我覺察的，也希望這些故事能成為我們開啟覺察的開關。

寶島野孩子創辦人強森

強森小時候，爸媽都在軍中服務，所以他在眷村長大。國中時期他被父母送去私立學校就讀，那三年對他來說非常黑暗，他遭到同學霸凌，幾乎每天都帶著刀去上學，很多時候都想著：「如果同學再欺負自己，就要拿刀跟對方拚了！」

強森認為自己當時會被欺負最主要的原因有兩個：一個是他的身材矮小，另一個是他比較有正義感，又擔任班級幹部，看不慣的事情會想要說出來，因此得罪不少班上同學。

當時的他希望改善人際關係，研讀了許多心理學和社交相關的書籍，於是體認到，一個人會被欺負是有原因的，除了個人特質或是和他人的互動方式，最重要的是被他人欺負時的反應，讓對方覺得「我是可以這樣對待你的」。換句話說，就是自己不夠強！拳頭不夠硬，沒辦法保護自己。

他也體認到除了要讓自己變強，也需要建立自己的群體，因為人多勢眾，如果自己身邊有群人，對方要欺負時他也會多想一想。

升上高中後，強森參加了國術社，一週要練習近十小時，當時的社團指導老師除了是他重要的武術指導外，也是非常重要的生命教練，強森認為他的武術教練是修行者，他平時會聽金剛經，也特別提醒學生們活在當下的重要性。教練讓強森認知道習武不只是修身，更重要的是修心。他習武一開始只是想要變強，保護自己不被他人欺負，但學習武術後，他除了變得強壯之外，他也體會到調節呼吸、專注於自身的重要性。但最重要的，是他的自信有非常明顯的成長，就連他的國中老師都覺得不可思議。

此外，因為鄰居叔叔晚上在巨匠教電腦，他很早就接觸到電腦和程式，他在小學就憑藉著鄰居叔叔送的程式書籍自學程式。上了高中後，強森除了習武、讀書之外的時間，多半會待在計算機中心寫程式，對學校老師來說，強森在這方面的表現遠遠超越同年齡的人。

高三畢業後，強森推甄上了中央大學資工系，大學前兩年很認真學習，學業成績也不錯，直到大三，他開始出現許多自我懷疑，不確定自己是不是真的喜歡做這件事，覺得寫程式太個人了。認為自己應該更喜歡接觸人群的工作，這樣的懷疑與探索讓他大三、大四變得沒那麼投入程式學習，以致學習沒那麼扎實，於是他在畢業時不敢投入職場而選擇直接讀研究所，後來考上中興大學資工所，並以優異成績畢業才投入職場。

強森在科技業一待就是十七年，前四年待在資策會，後來每隔三到四年就會轉職，科技業除了營運和財務外的工作他幾乎都嘗試過，像是工程師、產品經理、甚至業務工作，當時的他幾乎已經是把科技業當作這輩子職業的定向。

在投入職場工作的第六年，因為朋友的公司要開團去滑雪，但少了一個人，於是拉他去參加，這次的偶然讓他接觸到滑雪運動。沒想到這個機會對他的生活產生很大的擾動，也讓他的職涯一百八十度大轉變，從工程師變成推廣戶外運動的教練。

二〇一九年他正式轉換跑道，放下工程師的身分，創立自己的公司，全力推廣戶外運動，現在他冬季在日本教授滑雪、夏天在海上教衝浪和立槳等水上運動，春秋兩季則在陸地上教滑板。會有這樣動力的最重要原因是，他認為這些運動對自己有非常大的幫助，不僅讓他擁有更健康的體魄，也在參與這些訓練時強化自己的心智。舉例來說，很多人會對這些戶外運動感到恐懼，但這些恐懼常是自己想像出來的，是自己給人生設定的框架，強森因為自己有突破框架的經驗，也從中受益，所以希望全心全力推動戶外教育，希望讓更多人能因為戶外運動開啟生命的不同可能性。

強森提到自己國中時期被霸凌的經驗，後來得益於武術訓練；進入職場後，不管是公司經營出了狀況被迫解散或是大環境的競爭讓公司倒閉；以及自己好幾段失敗的感情，他在面對這些挫折時都因戶外運動而獲得療癒。他很清楚的知道，在從事這些戶外運動時，他會被迫抽離原先的煩惱，專注於當下，根本無暇思考那些苦痛，而且每一次訓練後帶給身體的疼痛也讓自然舒緩了工作上的挫折和感情失敗的心痛。

強森開玩笑的說：「如果你的左手痛，要讓你的右手也痛，那麼左手就沒那麼痛了。」無論武術、衝浪、立槳、滑板和滑雪都是將自己置身於特別的情境之中，在這些活動中，我們的注意力都被迫要回到自己身上，尋求身體的平衡才能讓自己在這些活動中有更穩定的表現，強森是這些活動的受益者，現在的他希望透過戶外運動陪伴更多人跳脫生命的框架，找回自己內在的穩定和生命的平衡！

向榜樣學習，曲老師的看見

在某些情境當中，我們不得不將注意力回歸到自身，這是接近自我覺察的一種狀態，找到能專注於自我的情境，就是覺察的開始！就像強森教練因為加入戶外運動後被療癒，找到自我人生的平衡一樣。

小巨蛋特聘滑冰教練郁婷

小時候學跳芭蕾舞、現代舞，小學時期開始成為輪滑選手，青少年時開始滑冰，目前則擔任滑冰教練。

從小習舞讓郁婷對自己身體有較高的掌握度，她認為跳舞可以幫助訓練對自己身體的控制，從小習舞的她覺得自己不容易跌倒，這樣的訓練也成為她後來參與輪滑比賽和投入滑冰運動的基礎。

郁婷在當選手時，並沒有意識到覺察和反思的重要性，訓練時沒有清楚的目標，單純只是不想要讓自己跌倒，很多技術都是透過土法煉鋼的方式習得。直到她當了教練，因為要教學，反而體會出訓練後覺察反思的重要性。好的選手會在訓練後自己進行覺察和反思，看看自己在哪個地方出錯，藉此在進行下一次訓練前做好準備。

現在郁婷在帶選手時都會引導他們練習反思，甚至透過提問的方式引導選手自我覺察，像是「你知不知道剛剛為什麼會那樣摔倒？是跟自己身體的什麼角度有關係？」郁婷提到，遇到沒有反思習慣的選手，她甚至會要求他們要把反思的歷程和覺察的發現記錄下來，她認為這是選手幫助自己成長和突破的關鍵。

她也發現，自己成為教練後，因為要教學，必須更細緻的分解動作，並且要能透過解說來指導選手，她覺得教學可以讓人從知其然到知其所以然，這對她來說是非常重要的學習。

此外，郁婷認為現在有不少選手較無法吃苦或是心靈較為脆弱，在參與滑冰訓練的過程中也很容易受到外界的影響，像是教練的期待、路人的眼光、還有同儕之間的玩笑等等，往往會讓他們的表現失常。尤其對正處於青春期的選手們來說，同儕之間有意無意的一句評論就會影響心情，影響到場上的表現。當選手面對這樣的狀況時，郁婷就需要扮演心靈導師，聽他們說說內心的擔心煩悶。她認為選手只要願意說出來都是好的，至少讓她知道問題在哪裡，或許她能找出幫他們的方法。

郁婷的學校生活一直都是在體育班中度過的，白天在學校練舞蹈，放學後去練滑輪，到中學後開始改練滑冰。她說對她影響最深的一次的比賽，是她在全國賽拿到最後一名。當時她覺得自己的表現並沒有那麼差，後來才知道是因為一些政治因素（對方教練給自己的分數很低，造成總分平均最低。在那個年代，臺灣缺乏滑冰訓練人才，很多相關人員都彼此重疊）。

不過，媽媽很有智慧，在這場比賽後，立刻為郁婷報名了世界級比賽。在進行世界賽時，郁婷能感受到自己全神貫注，非常投入在比賽狀態中。最終她取得了人生最佳名次，國際賽第四名！當時她打敗了許多在國內賽贏過她的選手，當下她也深刻明白到比賽有沒有摻入政治因素的差別，畢竟在國外根本沒有裁判認識她。後來她也靠著這個成績申請進入了臺北市立體育學院。

向榜樣學習，曲老師的看見

在生活中按下暫停鍵，刻意的覺察與反思才有機會看見自己。成長和突破的關鍵是我們能誠實面對當下的自己。

健身教練 Howard

健身教練 Howard 從事健身工作約十七年。他從中學開始學習空手道，高中已經打出好成績，但因為肩膀慣性脫臼，讓他在訓練及比賽過程中備感艱辛。雖然高三那年被臺北市立體育學院相中，順利經由體保升學管道進入競技體育系，但最終因為肩膀的傷勢讓他不得不退出國家隊訓練，經由轉學考進入體健系就讀。

因為肩膀慣性脫臼，Howard 從國中就刻意進行重量訓練，頻繁進出健身房鍛鍊讓他與健身教練培養出不錯的關係，當時進入體健系的他就在健身教練的邀請下進入健身房工作，從一開始的櫃檯打雜小弟開始，幾年期間輾轉在不同體系工作和學習。

在二十四到二十五歲那年，Howard 加入全真健身房，他認為這是他教練職涯的轉捩點，也是建立他自己教練訓練基礎的重要時期。健身訓練讓他體會到獨處對自己的益處，健身運動能有效的讓注意力回歸自己身上，覺察自己的狀態和變化。舉例來說，練習胸推的過程中，要能夠將注意力放在自己胸部的肌肉上，穩定的訓練會讓自己對於用力當下的身體變化更敏感，覺察能力也就在這種訓練下，一點一滴的累積。

武術訓練和健身都能幫助自己練習覺察，但Howard認為健身運動的情境更能刺激一個人進行自我對話，就像瑜伽訓練最初被推廣的目的就是要透過這些動作幫助自己更快速進入冥想狀態，他認為健身也有相似的效果，讓自己能處於動態冥想的狀態之中。

Howard覺得健身訓練讓他有充分時間和自我對話，加上早期武術訓練的基礎，讓他很早就確立自己的人生目標。他覺得健身運動能讓自己變得更好，在從事這項運動的過程中也逐漸發展出自我的人生信念！就像在訪談中他常提到的，「人生沒有最好，但永遠有更好。在健身運動中，努力、辛苦甚至痛苦都是讓自己邁向更好的過程，我們沒有不努力的原因，因為努力只是基礎，就算努力仍然沒有辦法達到最好，那我有什麼理由不努力呢？」

健身訓練也讓Howard更了解自己，他清楚知道自己在面對人生會百分之百投入跟堅持，就跟自己在參與健身訓練時的狀態一樣，他覺得自己可以做得到，沒有不努力的理由，也不想讓自己和教練失望。

在從事教練工作這些年，他除了越來越有能力掌握健身訓練的技巧和訣竅，也能從一個學員投入訓練時的狀態就推敲出他的個性和性格，也就是，隨著自我覺察能力的提升也讓他的社會覺察越趨敏銳。對於健身訓練，Howard也無私分享他的看法：真正重要的常是肉眼看不見的，訓練時的重量、組數其實不是最重要的，關鍵在於投入訓練時的心態、專注於內在感受與自我對話。健身訓練不是做得快、做得多就會更好，有時候適度放慢，讓自己專注在每個動作的細節，才能提升訓練成效。

而教練的專業展現在指導學員訓練時能看見學員動作與動作間細微的差異。自我覺察是對於自身想法、感受與價值觀的理解，同時知道這些對於個人行為的影響。Howard在他的健身人生中幫助自己更有能力與自我對話、覺察反思，有更清晰的自我意識。

向榜樣學習，曲老師的看見

健身運動能幫助我們更認識自己的身體，培養自我意識。教練的專業展現在指導學員訓練時能幫助學員理解動作與動作間細微的差異，更細膩的覺察自我。

二十餘年瑜伽教練經驗的PaNay

PaNay高中開始習舞，並參加「原舞者」舞團，後來接觸瑜伽運動，大學畢業後在銀行工作，跳舞、瑜伽成為生活中重要的休閒活動。在接觸瑜伽練習約十年後，一次戶外活動的意外造成頸椎錯位，以致工作休息了半年，生活都在醫院和瑜伽練習中移動。

仔細回憶頸椎受傷後復健的那半年，PaNay一開始其實非常沮喪，因為身體受傷帶來生活中的很多不便，也懷疑自己是不是真的能夠好起來，恢復過去的體能和健康。受傷後所有的練習都從零開始，本來能做到的動作都不能做了，全部打掉重練，像小寶寶一樣開始學走路，連最基礎的呼吸、最簡單的嬰兒式都需要重新熟悉……。但是那半年的復健期間，他發現自己的身體真的慢慢變好，心也變得更柔軟，接受自己受傷的過程，不再責備自己，也懂得讓自己慢下來，溫柔陪伴自己。

復健的歷程中，他除了發現身體的恢復，也發現心境上的改變，於是起心動念，覺得瑜伽不只是自己的興趣，也許可以變成志業。加上家人工作生活圈的改變，他決定辭去銀行的工作，投入瑜伽教學。除了他非常喜歡瑜伽練習之外，也希望能透過瑜伽教學分享自己的體悟，讓大家也能透過練習找到與自己對話的方式。

或許是因為習舞的關係，PaNay在接觸瑜伽運動後，覺得自己很快就上手了，他認為瑜伽運動非常強調呼吸和覺察，在過程中要能覺察自己身體的變化，訓練時要能進行自我的身體掃描，透過不同動作帶出的身體感受能幫助自己更容易覺察。例如，身體的哪一塊肌肉現在感覺緊繃，覺得痠痛，這些是瑜珈動作帶出來的感受，而這些痠痛就成為清楚的覺察標的，讓我們有專注和覺察的目標。

對PaNay來說，瑜珈訓練讓他養成更靈敏的覺察能力，從覺察自己身體的感受和痛楚，到試著將這些不適感連結到自己平時的生活狀態，從覺察看得見的開始，逐漸能覺察到那些看不見的。

回顧這些年從事瑜伽教練工作的歷程和轉變，PaNay覺得瑜伽訓練也讓他透過覺察更了解自己，舉例來說，剛開始瑜伽教學時，他會希望盡可能把訓練課程排滿，因為傳統價值觀中除了做自己喜歡的事，也要有能力賺更多的錢。但這幾年他已經能清楚意識到滿課和賺更多錢並不是他要的生活，於是他從原本的每天都有課，一週有二十多堂課，到現在只有週一到週四下午或晚上會排課。PaNay認為這樣的生活並沒有過得比較差，以前的不足可能只是心靈上的匱乏，現在的課程雖然排得少，但內心是滿足的。

再舉一個例子，PaNay過去是知名國際瑜伽品牌的合作教練，除了教授瑜伽以外，還需要透過各種曝光機會推廣瑜伽運動和品牌服飾。PaNay認為人與人的互動或者交新朋友，甚至在教學的某部分，都是在做行銷以及把自己的理念推廣出去。他覺察到自己在曝光活動中，所有節奏都很快、很片面，必須保持在一種能量很滿的狀態，對他來說其實非常消耗。了解自己的內在狀態後，他決定調降參與這類工作的比例，降到非常的少，因為他還是比較喜歡放慢腳步，面對面的與人接觸，慢慢的、完整的敞開自己。

PaNay喜歡教學，跟學員互動交流，但是行銷並不是他的熱情所在。這樣的體悟也是因為他藉由長時間有意識的覺察後更了解自己。

這些年來他在瑜伽運動的體悟是：人很容易受到「念頭」影響，這些想法不僅影響心情，也會對身體產生影響，舉例來說，如果一直感受到自己是不足的，就會更積極的追逐，身體就更容易處於緊張狀態，肌肉可能也會比較僵硬。

現在的PaNay生活得比過往優雅，注重睡眠的他會盡可能睡得飽飽的再起床，起床後會先整理一下家裡，梳理自己的心情後再開始一個小時左右的瑜伽訓練，因為只要幾天沒做瑜伽就會覺得全身不對勁。對他來說，瑜伽是一種清空自己的運動。他認為，在快速變動的時代，人更需要有能力讓自己慢下來，專注在當下，專注在自己。而瑜伽運動能讓我們更容易進入這樣的狀態。

在和PaNay對談時，我特別問到他在生活中覺察後會如何行動。他認為不見得在覺察後都要立即行動。因為有些事不需要去解決。例如，你被別人誤會很生氣，你在覺察後可能會想要直接去找對方談，化解那些誤會。但是我們之所以困擾，可能不見得只是因為受到誤會，也可能我們的困擾是當下的心情和情緒。有些時候這個情緒不見得要去做些什麼才能緩解，更多時候可能是不去做什麼，就讓自己沉澱、覺察、擱置以及與這些狀態共存。

他的做法是覺察後會從頭到尾再想一次，並試著把它記錄下來，而不一定會去做些什麼。也就是，知道有個東西在影響我的心情，我知道它在那裡，我不去處理它，但我也不要受它影響。就和那個狀態共存一段時間，它也不見得會消失，甚至在未來某些時刻也可能會再出現。

這段對話刺激我思考自己的覺察歷程，當我意識到自己受某些事情影響，生活中有刺激自己想法和感受的來源，我就會刻意空下時間進行覺察和反思，並且透過文字書寫與自我對話，把這個狀態藉由文字記錄下來後，我的頭腦和心就又騰出空間來了。現在的我，已經可以清楚感受到自己需要透過覺察清理自己的內在狀態了。

向榜樣學習，曲老師的看見

瑜珈訓練能讓我們養成更敏銳的覺察能力，從覺察自己身體的感受和痛楚，到試著將這些不適感連結到自己平時的生活狀態，從覺察看得見的開始，逐漸能覺察到那些看不見的，並試著練習與那些狀態和平共存！

9 自我管理的榜樣

自我覺察是自我管理的基礎，要發展自我管理的能力首先要能覺察自我的狀態，無論自身的情緒或是壓力。對於長期處於高壓情境下的專業人員，他們是怎樣幫助自己維持生活平衡，保持身心穩定的呢？我們可以從救難人員、少年保護官的日常生活找到一些答案。

而在網路化和AI化的時代，科技為人類帶來便利，同時也讓人生活壓力大增，社會情緒學習中談的自我管理，特別強調情緒與壓力的調節，什麼樣的人更擅於在網路上生存？或許我們也可以試著向網紅學習。

新北地院主任保護官許日誠

和少年調查保護官許日誠熟識，緣起於陪同孩子面對司法案件，每隔一段時間就會相約喝茶談天，交換工作上的想法與意見。

許日誠服務於新北地方法院，擔任少年調查官。一般人平時可能對於少年調查官的任務比較陌生，這裡先簡介一下：少年調查官需在少年尚未接受法官審理之前，先進行審理前調查，了解少年之身心狀況、家庭、生長環境、教育及交友等各項情況，分析後提出個案調查報告，於開庭前交由法官參考。在開庭時，少年調查官需要出庭陳述對少年處遇的意見，以供法官裁量參考，並參與協商審理，與法官、少年及其法定代理人等共同討論研商少年之處遇及未來輔導矯治計畫，使少年能得到最妥適之處理。

許日誠擔任調查官已經超過三十年，經手大大小小不同的少年犯罪事件，經驗非常豐富。他認為調查官屬於高強度、高責任與高壓力的工作，回顧這三十多年來的生活，他平時上班時間多半七點左右就到法院，回到家大約已經晚上九點。過去有鑾長一段時間週末需要輪值，一個月內有一個週六和一個週日需要值班。加上個案量龐大與工作中多半面對與犯罪有關的複雜議題，對於身心都是極高的負荷與挑戰。

對於少年事件的處理並非以司法審判為主體，更重要的是審判後的矯治及預防工作。調查官需要綜合考量現實情境與相關可能的資源如何能讓有非行行為之少年，透過審理後處遇的輔導及教育方法與過程能改過遷善，重新適應正常社會生活，預防再犯。換句話說，調查官同時肩負著社會安定的重責大任。

許日誠特別分享了他這些年來的努力和體悟：要讓自己盡可能保持穩定，有好的自我管理能力。首先，他提到自己受益於大學所學，畢業於輔人心理系的他，在投入職場後有許多次的工作經驗都讓他想起大學時期學習到的心理學理論，印象最深刻的就是理情行為治療[1]當中提到對於認知改變的策略。

1 理性情緒行為治療（REBT, rational emotive behavior therapy），這是 Albert Ellis 發展出來的認知行為治療，企圖改變不適應的思考模式（非理性信念），進而改善情緒及行為的反應。

他分享自己的心法，就是要不斷提醒自己，「我不是完美的，沒有人是完美的！」這樣的心法幫助他在面對困境時比較不會鑽牛角尖，被長官責備時，或是遭遇同事的不理解，他內心就會告訴自己不是完美的，沒有人是完美的，這樣的心態幫助他度過許多工作上的難題或困境。

許日誠說：「如果你已經用盡全力，但仍然事與願違，那就不要苛責自己，不然這樣的壓力會把自己壓垮！」認知調適、改變想法是自我管理的關鍵，因為我們的想法影響我們的情緒，非理性的信念會帶給我們非常可怕且不必要的壓力。

此外，面對高耗能的調查工作，他這些年也發展出自己的一套調節機制。投入職場後，除了慢慢養成喝茶的習慣和儀式外，每週他會安排兩次劍道和居合道的練習，他認為投入這些運動能讓自己抽離繁雜的工作狀態，尤其是在劍道場上飆汗吶喊，對他來說是非常重要的紓壓方式。原本他在就讀大學以前非常沒自信，在大學開始接觸空手道運動後有非常大的轉變，他認為學習武術能讓人獲得成就感，增添對自己的信心，雖然看似是外在的運動，但其實對一個人的心理訓練非常有益。

至於喝茶則是他幫助自己獨處、沉澱心情，創造自我省思空間的儀式性行為，每天上班時泡一壺茶，下班回家後還會有一段時間和自己的茶具相處。他說看到這些美好的事物，心裡就會跟著開心起來，變得正向、有希望、有力量。雖然喝茶的同時仍然會想到一些工作上的事務及難題，但總比睡覺的時候想到來得好，如果沒有好好思考這些問題，真的很有可能會影響到睡眠，影響了身體預算。

少年犯罪的成因複雜，除了少年本身因素，家庭、學校與社會各界都有相應的責任。在處理及矯治少年犯罪的過程中，調查官一直扮演著關鍵性角色。保持自身穩定，才能有效面對工作中的種種挑戰，在高壓下平衡自己的日常生活。

要讓自己保持穩定，就要擁有自我管理策略，在生活中要找到與自己獨處的方式，泡一壺茶，和自己的茶具相處，品味茶的味道，心裡就會跟著開心起來！幫助自己保持穩定，更有能力因應生活中的壓力與挑戰。

空勤總隊救難人員楊儒健

服務於內政部空中勤務總隊的楊儒健擔任的職務是機工長，他曾經在軍中服役十二年，退役後短暫到教會擔任總務，期間需要協助牧師陪伴教友們辦理後事，那段期間開始接觸到許多與生死有關的議題，在信仰與牧師的幫助下，讓他能有更穩定的內在狀態面對死亡。

在教會服務期間，太太發現他只要休息看電視，仍常會選擇看一些關於飛行、直升機和軍事相關的節目，顯見他對於這個領域的熱情。在結束教會工作後，他決定回到熟悉的飛行領域，於是到了德安航空任職，主要工作是協助金馬地區居民的安寧與運送大體的任務，很多時間需要和重病、重傷或是臨終病患在機艙中共處，這些經驗的積累成為他後來在空勤總隊協助緊急救難任務時最好的預備。

機工長的任務是在出勤時擔任總指揮，雖然最終決定權是在正駕駛飛行員，但能綜觀全局，讓任務順利進行就需要倚靠機工長的經驗與專業。抵達救難現場時，機工長需要先研判情勢，確認要如何完成救難任務，過程中除了需要評估環境安全和執行任務的需求來指揮駕駛飛行外，也要發揮穩定軍心、團隊合作的能力。

楊儒健分享，因為機長的位置其實看不到任務執行，像是在放下吊掛（籠）或是有任何救難行動或現場變化時，他都會即時回報給其他成員，他覺得這樣的回報會讓其他人知道現在的救援進度，也能強化大家的向心力和信心。他認為這是機工長很重要的任務。

楊儒健分享這些年來專屬於自己出勤前的儀式：他會先幫自己沖一壺熱咖啡或是把保溫瓶裝滿溫熱水，因為很多時候到山上救援氣溫都非常低，在抵達救援點之前他會先喝上一口，讓自己身體暖起來，也讓自己做好準備。

對他來說，執行救難任務不會有太大的壓力，畢竟這是他多年的專業，加上空勤總隊的夥伴多半過去都有軍隊背景和訓練，投入救援工作並不會給他們帶來太大的壓力。回顧這些年的工作經驗中，比較有挑戰的情境是到現場後要不要執行救援任務的決策，有些時候救援是需要冒一些風險的，但是一條人命就在面前，你願不願意冒自己和夥伴的風險去救人？當遇到救人需要違反SOP時那就更挑戰了！此外，過去也遭遇過夥伴在救援時罹難，這對空勤總隊的團隊夥伴來說非常難熬，就有學長提過這種經驗讓他有了創傷後壓力症候群。

雖然執行任務對楊儒健不會造成太大壓力，但是連續執勤五天才能休假也會讓身體疲勞，休假的第一天他通常都是在補眠，其他時間就全數回歸家庭，陪伴老婆和三個孩子。他常開玩笑說，他就是值兩個班，一個是空勤任務，一個是家庭任務。對於自己的專業工作，他有時會抱持著矛盾的心情，覺得出任務很帥氣，能成功救援也非常有成就感，但同時也不希望有任何人發生意外。

向榜樣學習，曲老師的看見

在面對高壓的專業工作，要建立幫助自己安心的儀式，讓自己更快進入狀況，能力才能正常發揮與展現。

彩妝網紅朱綺綺

在IG上有近十一萬追蹤的彩妝網紅朱綺綺，她在高中時期被網拍公司相中，就此開啟了模特兒生涯。全職轉換成YouTuber是在二〇一六年，當時朱綺綺已經投入拍攝工作約十年。

她認為模特兒工作讓自己不那麼害怕鏡頭。但是回顧前面幾年的工作，真的非常辛苦。回憶那個時期，她認為主流美感追求的就是瘦瘦瘦，那個時期的她幾乎沒有一天能吃飽，在拍攝的前一天連水都不敢喝。只要體重超標，隔天的拍攝工作就會被扣一大半薪水。但因需要賺錢分擔家計，她只能咬牙苦撐，她甚至覺得那段時期後期的自己，可能有些憂鬱症狀，因為當時面對原本喜愛的拍攝工作開始有些恐懼，要進棚拍攝的前一晚甚至會崩潰痛哭。在考量自身健康狀況之後，她決定與原東家商議解約，以便能暫時休息。

無奈因為家庭經濟的關係，她在短暫休息後立刻重回模特兒工作。開始自己接案的她比過去多了一些自由，嘗試轉型成YouTuber的前半年，朱綺綺總是挑選自己喜歡的商品來拍攝。對於小時候就憧憬成為模特兒的她來說，拍攝影片是有很強動力的，她認為要拍就要拍自己喜歡的商品，而不要為了接案去過度迎合廠商需求和大眾口味，加上她本來就鬼靈精怪、充滿創意的腦袋讓她慢慢在YT平台上累積出一群追隨者，後來轉戰IG也讓這些人持續追隨她的腳步。

朱綺綺自覺是一個內向的人，但拍攝對她來說是專業工作，在螢光幕前自言自語對她來說沒有什麼壓力。這些年來，她幾乎全部時間都投入頻道影像的製作，對她來說，生活就是工作，工作就是生活，就連和朋友出國，她都會提前規劃有哪些可以拍攝的主題，或是趁著外出時找靈感。她認為要能投入這麼大量的時間、精神在這件事上，對很多人來說就不是件容易的事。

許多人覺得網紅光鮮亮麗，其實這是需要付出極大代價的，對身心都是非常嚴苛的挑戰！要成為網紅並不如大家所想的那麼簡單，對她來說，全身心的投入是基礎，每天睜開眼睛後做任何事情都在尋找靈感和素材。

朱綺綺自評近年來的心理狀態更勝以往，能更穩定的產出影片。她認為之所以有這樣的轉變源自於人生觀的體悟和影響，身邊的好朋友相繼罹癌，讓她感受到生命的無常，於是她告訴自己要更珍惜當下，活在當下。早些年認為每年應該有多少收益的想法現在已經被放下了。即便如此，她仍然很努力的投入構思、拍攝、剪片和推廣工作中，只是得失心沒有過往那麼強烈了。

在這麼高強度的工作模式下，朱綺綺提到自己過去的狀態常常時好時壞，因為她的慣性是忍耐，很多事情和情緒都會先選擇自己默默承受，也可能是內向特質的影響，讓她在與人相處的時候常會先考慮別人，犧牲自己的需求。過去因為喝一點小酒能讓她更容易向朋友吐露心事，也養成她小酌的習慣。近幾年來，她發現能讓自己放鬆紓壓的方式除了運動，還有進廚房烹飪，煮菜的過程讓她的壓力得到緩解。

這些年來有不少人因為網路而變得更不快樂、更容易焦慮，我特別請教朱綺綺對此的看法。她認為自己之所以不容易受到影響，是她知道網路上呈現的都只是那個人的某一個面向而不是全部。對她來說，觀看其他人的分享現在已經不會影響她的心情，因為她把這些都當作教科書來研究，看看現在別人在拍些什麼，也可以向他們學習。

朱綺綺回憶，早些年她也會因為網友留言或是按讚數多寡而影響心情，現在的她有能力在整理好自己的心情後，更務實的去檢討原因，像是網友說的有沒有道理，或是為什麼這一個系列的影片沒那麼受歡迎。不過她也認為，會受到網友評價影響心情是正常的，如果自己狀態不好，建議就先不要去看網友的評論。她表示，真的有不少人會受到網路留言的影響，於是她只要有機會就會提醒身邊的夥伴，「如果你沒有辦法當面跟那個人直接說這些話，最好就不要在網路上留言！」

對於想成為網紅的孩子們，朱綺綺鼓勵大家想做就開始行動，選擇自己有興趣、有熱情的主題開始嘗試，做了才知道自己是不是真愛。

向榜樣學習，曲老師的看見

網路的匿名性常常會放大人們的情緒或出現激烈的言語，而這些資訊通常多半只呈現了某一個面向。若因此影響心情，可以先關閉社群網站，遠離這些雜訊。也要記得，若無法當面跟對方說的話，就不應該在網路上隨意評價。

10 社會覺察的榜樣

社會覺察是理解他人狀態的能力，要一個人真正理解另一個人基本上是不太可能的，所謂的同理、共感真的是難上加難，畢竟每個人的特質就有差異，生活經歷也那麼不同，在社會覺察能力的養成上，除了觀察能力，也需要提醒自己暫時屏除自我，試著站在他人的立場來思考問題。

自我覺察是社會覺察的基礎，對自我有深刻理解的人代表他已經有能力理解「自己」，依循認識自我的策略，就具備較好理解他人的基礎。

助人工作特別仰賴社會覺察的能力，要能站在他人角度設想才有機會提供適當的支持。除了助人工作之外，演員也需要在短時間讓自己成為另外一個人，在閱讀劇本演出角色的同時，就是一種社會覺察的練習。紀錄片導演則具備了同理與共情的心，因而能為無法如他一般看見的大眾拍攝珍貴的影片。

金馬獎影后桂綸鎂

出道二十多年的桂綸鎂曾多次入圍金馬獎，並於第四十九屆金馬獎獲得最佳女主角殊榮。

桂綸鎂因緣巧合在十七歲時被劇組相中，拍攝了第一部電影《藍色大門》，讓演藝工作成為她人生中可能的選擇。

完成淡江大學法文系的學業後，她決定給自己機會，嘗試投入演藝工作。當時的桂綸鎂覺得演戲蠻有趣的，加上有這樣的選擇機會，就這樣踏上了演藝之路。

桂綸鎂認為自己原本就有覺察的習慣，小時候會躲在衣櫃裡哭，宣洩情緒，整理自己，現在她會一個人大字型的躺在地上放空休息。

此外，她認為適時替人生按下暫停鍵是必要的，停頓時嘗試往回看，這樣的整理不僅是充電，也是讓自己有更好的預備。

若是遇到真的讓自己非常焦慮的問題，桂綸鎂的方法是把這個問題寫下來，然後一個一個列出可能的解決方法。獨處和放空自己是她生活的日常，讓自己預備好接觸下一個新的角色。

在開拍前，桂綸鎂需要把自己與外在環境加以適度隔離，讓自己保持在角色的狀態中，以便開拍後能更快速融入在角色當中。她說，準備拍戲時，她就像在這個世界上消失一樣，可能連家人、朋友都找不到她。

在預備自己這段期間，她要讓自己沉浸在角色中，避免生活過大的刺激。開拍前，她除了看劇本，從劇本描述了解角色的狀態，並嘗試用這個角色的方式生活和思考。在拍攝過程中，她和角色融合的程度會越來越緊密。

但殺青後，她為了要抽離角色，往往會選擇一個陌生的地方旅行，讓環境中的這些新鮮刺激幫助自己清空、還原，就像是一種reset。或者，她也會嘗試讓自己正常的生活，做家事，和家人、朋友聚會。

對桂綸鎂來說，演員的工作充滿了情緒與壓力，片場中的各種刺激，對戲演員的表現，導演的互動方式，過去的她比較容易受到環境刺激的影響，她需要一直提醒自己忽略那些刺激（雜訊）。求好心切且對自己有高標準，也讓她在表演時需要高度專注、全心投入。

她也提到，演員在職業生涯中有許多時間在等待——等待一個適合的機會，這樣的狀態容易讓人處於焦慮之中。對她來說，演員生涯多半都需要和這樣的狀態共存。這些年她總是告訴自己，「不要著急，停頓一下不是壞事，慢慢來就好了，讓自己處於準備好的狀態，機會來了才能接住。」

桂綸鎂會去看觀眾和網友的評論與留言，對她來說，演員是透過表演和觀眾溝通的，所以不能把自己的耳朵摀起來，不能把眼睛閉起來。從觀眾的評論可以知道他人的觀點。

剛開始演戲時，她總是不太敢看自己的表演，通常只會看首映或頂多再看一次。近年來她已經突破這種狀態，每一次的表演也希望能有一些新嘗試，幫助自己未來能做得更好！

向榜樣學習，曲老師的看見

適時替人生按下暫停鍵，停頓時嘗試往回看，這樣的整理不僅是充電，也是讓自己有更好的預備！

二十六年社工經驗的廖秋如

面對各式各樣複雜的通報個案，廖秋如回憶，她剛入行的那幾年很容易陷入自責的情緒，覺得自己沒能改變現況或是幫助個案，這種自責的情緒很容易把自己壓垮。她指出，需要有意識的調整自己的認知，知道自己已經盡了最大的努力，但可能有些問題就是自己沒辦法改變的。在持續受打擊、挫折的狀態下堅持秉持專業進行助人工作，真的非常不容易。

廖秋如也提出，這些年案件量一直都處於爆炸狀態，以近期情況為例，平均每一個社工每個月新接的個案有五、六件，加上尚未結案的十五～二十件，等於每個時期手上約有二十多個個案，除了配合個案時間的訪視工作，也會需要花額外時間撰寫個案紀錄，她所服務的中心同仁多半都處於需要加班才能完成工作的狀態，甚至有夥伴不到半年就累積了近四十天的補休，非常可觀。

面對工作上的挑戰和壓力，廖秋如認為自我覺察能力非常重要，覺察自己的狀態是幫助自我調適的重要策略，要能夠覺察自己已經超載，適時的抽離和放鬆，不然很容易就身心耗竭。身為社工督導，她現在一項很重要的工作就是協助團隊夥伴覺察，而這個社會覺察能力是她在工作多年後回師大進修碩士課程時精進的。

廖秋如分享了自己能堅持這麼多年的秘訣！除了平時的覺察以外，透過活動強制自己抽離工作的情境和思緒也有助於幫忙自己調適，像是會特別安排去爬高山或是學習潛水，都能讓自己跳脫平時煩雜且高強度的工作與生活。

此外，找到能理解自己處境的資深夥伴與其對話也是有效的策略，即便只是抱怨抒發情緒也會有幫助，因為對方知道你正在面對什麼挑戰和困境，就算沒有討論出具體策略，也會感受到自己被同理，很多時候這樣就夠了！

向榜樣學習，曲老師的看見

覺察是幫助自我調節的重要策略，透過活動強制抽離有助於跳脫煩雜高壓的工作與生活，加速調適的效果。而協助夥伴覺察，也是理解他人的重要一環。

生態攝影導演劉燕明

投入野生動物拍攝工作四十多年的劉燕明導演在六年前將三十六年來拍攝

的影像資料全數無償捐贈給林務局。因為他認為：「生態不是我的個人資產！取之於世界、用之於世界，我想一般人不容易有這樣的體會。」

能把自己多年來的心血捐贈出來供大眾使用，是劉燕明對於臺灣的歸屬感與認同，同時，他也了解一般大眾難以如同他一般觀察生態的困難，是同理與共情的表現。

現年七十三歲的劉燕明是臺灣第一個用十六厘米攝影機拍鳥的生態攝影師，拍鳥資歷超過四十年。一九八四年他在淡水河棲地拍關渡候鳥，之後完成臺灣第一部生態紀錄片《淡水河水鳥歲時記》。往後幾年又陸續拍了《臺灣獼猴》、《藍鵲飛過》與《臺灣野鳥百年紀》三部生態紀錄片，是臺灣生態紀錄片的始祖。

我對《丹大尋羊記》這部紀錄片中劉燕明說的那些話印象深刻：「我最喜歡的興趣就是我的工作，所以當然就不會覺得累啊！人最好就是做自己喜歡的工作，就像很多人退休後才去拍鳥（他們的興趣是拍鳥），但我一生中就是在做我最有興趣的事，應該也算比別人幸運吧！」

在劉燕明的工作室觀賞他這些年來累積的拍攝作品，心中總是有莫名的讚嘆：因為這個歷程需要高度投入與專注，才能察覺環境中的變化，捕捉到野生動物的特定畫面。這讓我想起一個人像攝影師告訴過我的，「要能預測人的下一個動作，你才能拍出重要的畫面。」

每次聽劉燕明分享他拍攝的故事，我都非常欽佩他的毅力，能在同一個地方長時間蹲點，耐心等待野生動物現身。這樣的拍攝工作不僅需要有能力適應自然環境的變化，也需要隨時保持敏銳的觀察力，進而因應隨時可能發生的變化。

向榜樣學習，曲老師的看見

熱情是支持我們持續行動的關鍵，除了高度的耐心與堅持，透過敏銳的雙眼和專業的攝影技術將這個世界的美記錄下來，需要能保持敏銳的心。

11

關係技巧的榜樣

具有社會覺察的能力對人就有一定的理解能力，但要能發展穩定的互動關係仍需要具備關係技巧。對業務人員來說，只要能夠把人處理好就有機會成交；電影監製、製片或導演，要在拍攝工作中控制預算與管理時間、團隊，溝通理想與現實；他們的關係技巧都值得我們學習。

信義房屋資深店長許超建

讀資訊工程的許超建在大學時期曾經擔任美語教材的業務，一個暑假賺到十萬元左右的收入，當時正逢網路拍賣風潮，他把從小到大過年的紅包錢都投入創業，經營一段時間也小有獲利，這些經驗讓他認知到自己比較喜歡有挑戰性、靈活和高報酬的工作，因此他在畢業後決定投入業務工作。

許超建的第一份工作是在Toyota賣車，經歷近三年在汽車業的學習與磨練，因朋友在信義房屋工作，讓他興起給自己一個新挑戰的想法，當時許超建覺得「都是銷售，賣房子和賣車子應該也不會差太多吧！」

回顧這段經歷，許超建認為賣車跟賣房子真的差很多，而且職場環境氛圍也有很大的不同。他還記得剛擔任汽車銷售業務時，真的就要靠自己非常主動的去請教前輩，很多時候甚至要偷聽其他人怎麼跟客戶互動，因為大家賣的產品都一樣，各種條件也都差不多，更挑戰的是複雜的薪酬制度，每段時間都要好好算一下怎麼賣可以讓自己的業績獎金最大化，很多時候就算一個交易賠上獎金來賣他也願意成交。

等到進入房仲業後，他發現要學習的專業非常多元，優點是會有資深同仁、店長帶著自己學習。許超建回想起進入房仲業的第一年真的很辛苦，幾乎很多時候都是半夜才下班，忙了一整年，只有一個案件成交，業績非常慘淡！第二年開始，情況有了變化，第一年的努力還是有成果的，許多成交案件都是前一年簽的委託。許超建認為，很多進入房仲業的人可能還沒等到這些成果就陣亡了，這也讓他體認到房地產銷售工作需要較長的時間去消化產品。

隨著經驗積累，他除了越來越專業之外，因為熱忱和用心也慢慢累積一些穩定合作的老客戶。但是在他從業六、七年時，遭遇了業務生涯的重大打擊，他說當年真的簽什麼約都出問題，那時甚至覺得不簽約應該還更好些，像是買方已經把錢都匯給賣方了，但房子竟然因為賣方和別人有糾紛，房子被法院假扣押；也就是買方的訂金都付了，但是房子沒辦法過戶。那一年他幾乎所有案件都遇到意外和客訴。許超建回憶，當時真的什麼能做的事都去做了，但是解決問題需要時間，一連串的打擊也讓他陷入低潮和自我懷疑。

直到聽了單位邀請的講師來演講，那位老師鼓勵業務員也練習寫紀錄、要有意識的練習整理自己。許超建覺得不管這個方法有效還是沒效，但自己反正已經沒招了，不如就試試看吧！從那天開始，他每天都在自己的臉書上寫日記，日記名為「光陰地圖」，就這樣堅持了三年。他認為這個習慣幫助自己度過低潮，讓他在面對工作上的變化和挫折時有一個和自己對話與整理的機會，也讓他比較有能力靜下心來面對眼前的處境。他說，剛入行的前面幾年雖然業績慢慢有些起色，但他是單位內公認負面思考、愛罵髒話，很多時候只要掛上電話，就會在辦公室直接開噴的人，等開始寫日記後，這些狀態就逐漸減少了。

後來，也因為這個習慣，讓他在參與第一次店長選拔時就雀屏中選。擔任店長的這些年，為了要培養新人，他更有意識的整理自己這些年在房仲業的業務經驗。許超建認為**業務最重要的能力是對人的理解**，無論是買方還是賣方都需要更深入的了解，了解他們買賣背後的動機，了解他們的真實需求和考量。深入了解買賣雙方也才有機會找到彼此的共同點，藉此拉近關係，更有利於促成交易。

關於理解對方換位思考的能力，他特別分享信義房屋在培訓業務人員時常提到的「信義STM」（Sinyi Touching Moment），**面對客戶時要從探索、提議、行動和確認，與客戶慢慢拉近距離**。藉由一次又一次的互動和服務，除了讓自己更理解客戶的需求，面對疑難問題，甚至要能透過幫助客戶釐清現況和自己真正的需要，提出務實的策略，陪伴客戶解決問題。舉例來說，有客戶考慮學區房，但學區那麼多，如果一個學區的房子因為預算考量無法購入，那麼有沒有可能考慮別的學區。

面對工作中的壓力和挫折感，許超建非常感謝當年一整年的低潮，透過書寫，不斷與自我對話度過最困難的時刻，現在回顧那段經歷，他覺得那麼艱難的時刻都能挺過了，好像沒有什麼困難不能克服的。這樣的心理韌性也幫助他能好好應對店長的職務，既能扛起一整個店的業績，也能帶領團隊、培訓新人。

向榜樣學習，曲老師的看見

透過每天寫日記的方式有意識的自我整理，試著與工作中遭遇的挫折對話，讓自己更有能力靜下心來面對眼前的困難與挑戰，逐漸強化自己的心理韌性。業務工作不只是把產品賣出去，而是透過陪伴和理解，善用關係技巧，協助客戶解決問題，過程中需要耐挫力、與他人互動和同理他人的能力，在少子化、網路化的時代更顯重要！

監製、製作人楊中天

在臺灣、紐約等地從事科技業十年後，楊中天轉戰影視產業，至今約有十五年時間，或許是科技業的訓練，亦或是本身的性格使然，他用非常務實的態度兢兢業業的面對影視產業的挑戰。

多半擔任監製或製作人的他認為監製比較偏向BD（商務開發），負責找投資人，整合相關資源與確認法律合約，有些人會對整部作品的不同面向提出應用和延伸，當然也有人是什麼都不做、單純只掛名的。而製作人更像是PM（專案經理），負責營運管理整個團隊，包含前期的製作，以及所有拍攝相關的工作。若是用營造業來比喻，「監造」為建築師確保「設計」理念完成被執行（也就是參與開發出劇本，並確認被執行）；「監工」負承攬工程之施工責任，並督導工人按圖施工（也就是確認被拍攝出來）。

比較有規模的拍攝團隊可能近二百人，比較小型的拍攝團隊約五十人，最少應該也不會低於三十人，除了組建拍攝團隊外，也要能確保團隊合作完成作品。當中有很多溝通，尤其是要和藝術性、理想性比較強的人溝通。

對楊中天來說，製作人最需要掌握的是預算管控和時間管理，也就是時間和金錢，要讓一部電影在預算內、時限內完成拍攝，對他是最重要的。他知道有些人會非常在意藝術性，但每部作品、每個時機的狀況和條件都不同，不太可能每一部片都追求一百分。對楊中天來說，製作人的責任是在有限的時間與預算內完成任務。

在製作人的工作中，他知道自己做決策後可能會讓別人不開心，但是顧全大局，就需要有被討厭的勇氣和能力，這些經驗也是在投入影視產業後慢慢體會的。面對困難的溝通，楊中天分享，明明一看就知道導演預計選擇的角色或對場景的期待會爆預算，過去常會想用說服對方的方式解決問題，但現在的他理解，要透過說服來解決預算問題是非常困難的，所以他現在採取的方式是透過實際行動和規劃，讓對方明確知道在執行上是不可行的。

楊中天分享，過去臺灣的電影產業比較偏向導演制，就是導演為了自己的理想自己出資籌資拍片，但許多導演更像是藝術家，也抱著理想性，常造成預算不斷增加，甚至出現賣房籌資的現象；而美國的影視產業比較偏向製作人制度。現在臺灣比較接近美國的影視產業，也逐漸偏向製作人制度。

對他來說，拍電影也是一門生意，在商言商，要能完成這個專案，勢必對經費、時程有嚴謹的掌握，舉例來說，在臺灣一部片的預算約三千到三千五百萬，成本比較高的製作可以上看五千萬。這些年的摸索讓他能從影片類型和相關條件預估一部片的可能票房或收益，像是臺灣擅長的青春愛情電影，有機會賣到五千萬甚至破億元。若能賣到海外的華人市場，或是日本、韓國，那麼獲益就能再增加，但這部分通常不會是導演制為主導影片的優先考量，導演制是以創作、創意為優先考量。

當電影開拍後，楊中天習慣把前三天到一星期的全部時間都投入在拍攝現場，因為一個新的團隊剛組建起來，前期會出現許多磨合問題，監製、製作人就需要進行協調溝通，讓拍攝工作能順利進行。

在溝通方面，他這些年來的體會是，有些必要的溝通成本是省不了的，他甚至覺得有時候吵架也是必要的，現在要是遇到爭執和衝突，他認為就是讓子彈飛一會兒吧！畢竟這幾乎是必經的過程，那麼就要有承擔這些成本的心理準備。

楊中天指出，在職場上，有經驗的前輩可以善用這些衝突讓事情往更好的方向發展。在專業工作中，每天要面對高強度的壓力，但因為自己一直秉持著管控好時間與預算的原則做決策，比較不容易在過程中搖擺與自我懷疑。不過，他也很誠實的說，早些年他的情緒也很容易爆炸，就連收到一封郵件都可以對著電腦狂罵半天。現在他比較有能力平衡和調節自己的情緒，他認為這是時間的積累，依靠和自我的對話與反芻，他認為唯有在一個產業高度投入和持續一段時間才能慢慢體會。

向榜樣學習，曲老師的看見

製作人需要籌組團隊和資源，過程中需要大量的溝通協調和整合。擁有清楚的原則和價值觀是幫助自己在與他人溝通互動時的準則，如果無法直接說服對方，那麼也要透過行動表達努力與印證理想與現實的差距，過程中情緒難免有所波動，持續與自我對話和反思是幫助自己平衡和調節情緒的關鍵。

金曲獎最佳音樂錄影帶獎獲獎導演比爾賈

比爾賈曾和許多一線歌手合作，創作出許多讓人印象深刻的MV作品，並在第二十三屆金曲獎拿下「最佳音樂錄影帶獎」。

近三十年的工作經驗，原本學機械非本科生的他從唱片公司企劃做起，憑藉著本身天馬行空的創意以及對產業的觀察，興起了透過MV改變視覺生態的想法，就這樣一路拍到現在。

比爾賈認為每一支MV都是歌手重要的成長紀錄，也是他當下無數個瞬間的狀態總和。他說：「除了文字、音樂和畫面以外，人類共同的語言是美，美是許多人一生都在追求的，拍MV是我用自己的角度呈現美的東西，藉由我的理解和感受表現出來，MV轉譯了我對於藝人的特質、歌曲的元素，當中融合了我的日常生活和生命經驗。」

對許多人來說，比爾賈可能會被歸類為特效派，那是因為他很喜歡視覺性強或科幻異想的東西，但這些年他已經慢慢跳脫，作品不再只是華麗，表現更多的是對人內在心境的探索。比爾賈認為導演的「角度」很重要，從前的他關注的是人本身，接著是土地、環保和地球、宇宙，最後回到心靈。

比爾賈提到他的靈感來源是平時生活中對人事物的觀察，有時候自己會待在咖啡廳裡面觀察人與人互動。有時候會聽著要拍的音樂從公司開車到陽明山的游泳池，過程中試著和歌詞、旋律互動，與自己對話，進入那個Zone，那個狀態提煉出與音樂適配的畫面和情境。這個歷程並不是理性思考，並不是單純從歌詞去對應情境和畫面，是一種綜合的感受，不太能夠用語言描述那種狀態。

隨著創作的複雜性改變，比爾賈的心境和工作態度也有所轉變。早些年他非常獨裁，這個歷程的自我覺察是，他當年是摸索入行，不懂協調，常常是單打獨鬥，慢慢才學會與他人合作。另一個覺察是生活中已經有太多辛苦和困難，工作應該要快樂，因為工作佔了生活很大一部分，現在的他每一次拍片都很快樂！在受訪時他也提到，人越相信自己就會越放鬆。同時，拍片不是一個人的力量，當幕後工作人員有良好的平台與環境，能量就能激發出來，現在的他，集體完成作品的榮譽感是工作中最大的魔力。

拍電影是比爾賈的理想，他從投入這個產業第一天起就持續朝這個目標在努力著。他認為歌曲加上對白，就可以說一個故事了，MV就是一部很短的電影。這段期間，比爾賈又離自己的夢想更近一步，首部長片作品企劃案《靛藍少年》榮獲「臺北市電影委員會大獎」，《靛藍少年》講述靛藍小孩來到地球，被賦予的任務是提升每個人的意識，透過奇幻的故事情節與兩位主角的共生共存，期盼能讓社會大眾從不同的面向理解憂鬱症，進而探討這個世代的壓抑。

他認為拍MV和拍電影都是當導演，但兩種導演差異很大，拍MV更偏向藝術表現，導演更能為所欲為，因為全部經費都掌握在自己手上，有時候可以任性，有時候可以天馬行空。而拍電影似乎同時肩負著一些社會責任，但要學習跟更多不同專業的人溝通合作，要說服別人，讓別人接受自己的想法，讓別人覺得做這件事是有意義的！

這些年，他每天工時超過十二小時，籌備、拍片、剪片和交片，每一支MV要忙上一個半月，雖然工作就是和影像相處，但看電影仍是他很重要的紓壓方式。他認為拍MV是很美的工作，能跟影像接觸，自己覺得很滿足，感謝MV能讓自己看到另外一個維度的美，也希望能持續的把不同維度的事透過影像讓大家看見。

向榜樣學習，曲老師的看見

要成就困難的事就需要練習與他人合作，與他人溝通、說服他人，讓別人覺得自己正在做一件有意義的事，是帶領團隊夥伴的關鍵能力。

12 負責任決策的榜樣

做決定本身就不是件簡單的事，更不用說要做一個好的決定。行動源自於價值觀，要能清楚知道自己如何決策就要更有意識的覺察自我，這也是為什麼自我覺察對負責任的決策有直接影響。

生活中有許多做決策的機會，這些決定也造就了自我。有些人會說自己總是糊裡糊塗的就做了選擇，但其實不然，我們的選擇都是有原因的，要理解背後的原因就需要花時間與自我對話，更有意識的覺察自我。

能力越大責任越大，權力越大責任也越大，不同的身分，不同的決定可能影響的範圍都不同。用一個大家比較熟悉的概念來討論，過去常有機會聽到的公德心其實探討的就是所謂負責任的決策，我們每一個人的行動，都有可能對他人帶來影響，所謂蝴蝶效應，牽一髮動全身，有很多影響甚至不是立即可見的。

擁有權力的人能做好的決定，那對這個社會和世界就會帶來正面長遠的影響，反之則亦然。舉例來說，領導人、公司老闆、管理階層的決定很多時候會對群體產生直接影響。維護社會基本價值觀的工作，也需要擁有對自己的選擇和決定有高度的責任感，因為他是社會穩定的重要力量。以下這些人的生命故事有許多值得借鑑之處。

打詐專家陳惠澤

在準備社會情緒學習工作坊教學活動時看見陳惠澤的報導，特別鼓起勇氣找到他，和他約了時間聽他說故事。陳惠澤很慷慨，樂於分享他這些年來投入防堵詐騙的故事，特別想聽這些故事，是希望能將這些故事分享出去，尤其分享給身邊的孩子們，讓他們有機會理解一個人的價值信念對他行為帶來的影響。

陳惠澤是中華郵政的基層員工，過去在太平的竹子坑、宜欣郵局擔任第一線櫃台郵政人員。他在二〇〇六年六月至二〇〇七年底，防堵了超過一百六十件以上的詐騙案，協助警方逮捕車手三十多人，防止詐騙金額超過數億元。我很佩服他這些年義無反顧的投入防止詐騙的工作，更佩服他能不受外界環境影響，堅持自己的核心價值。

越了解陳惠澤的故事就越難想像身邊有這樣的人存在，他口中所謂的「一心求死」，對我來說就是一種至死捍衛個人內在價值的決心。憑藉對人的關懷、熱情和責任感，自發性的完成百萬字的防止詐騙手冊，累積防堵詐騙金額超過數億元。尤其在詐騙猖獗的這個時代，時不時就會看到新聞報導，陳惠澤不知道拯救了多少家庭、多少生命！

但是他的投入也讓他個人的生活非常不平靜，不僅成為詐騙集團的眼中釘，仗義執言的個性也讓他容易成為職場長官的壓力源。像是有一段時間，臺灣社會開始關心郵務人員過勞的問題，陳惠澤也站在第一線幫忙發聲，這樣仗義執言的個性，讓他錯失不少升遷機會。在一般人眼中的升官發財，對他卻沒有公義來得重要，

一般人很難理解陳惠澤的選擇和承擔這些後果時的灑脫，雖然在言談中他有自覺這些年來雖然因為誠實得罪人，替別人出頭，但最後換來的是他人的背刺，不過即便如此，我仍深刻感受到他在受訪時的豁達與自在。雖然從小到大，有很多故事都提醒我們要誠實，但長大後的環境可能卻不是這麼一回事。在面對人生的選擇時，陳惠澤的價值觀深深著影響著他，讓他能義無反顧的行

動。對我來說，這是非常不可思議的！

就像陳惠澤說的，遭遇這些狀況自己通常不會有什麼情緒，也沒有壓力調適的問題。這樣的穩定源自於強大的內在信念、價值觀，即使需要付出許多代價，也不容易受到影響，這是一路上有意識覺察而來的，因為他始終如一，隨著生命經驗的積累也讓他更清楚知道自己是誰。陳惠澤今年屆齡退休了，但即使退休，他仍會參與警政署的防止詐騙專案，持續在這條路上努力！

向榜樣學習，曲老師的看見

要能長期透過行動關心社會公義需要強大的價值信念支持！

律師魏大千

魏大千律師是在十多年前考取律師執照，正式成為律師。在此之前，他受僱於一般公司，有業界工作經驗。他認為自己是非典型律師，對於接案比較隨緣，不會特別去挑選案件，只要是能尊重專業的客戶或是剛好時間能幫上法院的忙，他都願意協助。比如近年來他就經常協助學校處理校園霸凌或性平事件。他甚至覺得有些案件「他就是要來找你的」，過去有案主離開後又因緣際會連結在一起，請魏大千幫忙打官司。

他認為律師這個行業其實每個人都是你的競爭對手，要能生存除了有法學專業知能外，也需要接案、和客戶互動以及收款的能力。剛開業的時候，魏大千比較喜歡案件完成後再請款，卻常發生沒辦法收到款項的窘境。他認為律師不應該是服務業，但實際上還是有許多「服務」的部分，創造客戶的情緒價值似乎也蠻重要的，就像有些律師即使輸了官司，仍然能讓客戶笑嘻嘻的。

魏大千認為律師的工作就是運用法律專業協助當事人分析案情，並給予建議，要讓客戶清楚知道各種不同選擇可能帶來的後果，但最終還是要交由當事人自行決定，畢竟承擔後果的是他自己。面對各式各樣的不同案件，律師有自己的立場是正常的。

工作多年下來，很多時候他知道案主有沒有說實話，但對他而言，律師是按照當事人的陳述去建構所謂的「真實」，他的習慣就是會有自己的判斷，但把各種可能性都告知案主，幫助當事人做出最終選擇。雖然有些時候當事人不見得會做出當下最好的選擇，也就是不太聽他的建議，像是客觀事實明確，認罪可以換取減刑，但當事人就是想要拚無罪。每當遇到這種情況，他心裡難免會有情緒，所以他認為律師要有客體分離的能力，知道眼前的這個選擇是當事人的責任，那是他的問題，不是自己的。雖然自己的工作是幫案主追求最大的利益，但不見得每個人都願意做此選擇或是認錯。

對魏大千來說，律師沒有上下班時間，腦袋會持續不斷地思考案情，沙盤推演各種可能情況，有時候可能是睡前躺在床上想到接下來官司該怎麼打。但也因為這個工作不容易有斷點，所以他自己會設定斷點，舉例來說，法院晚上的案子就不接，假日都盡可能空下來陪伴家人。這樣的斷點除了表現對於家人的重視外，某種程度也算是一種強制抽離。

魏大千提到現實環境有很多誘惑，而律師也需要照顧個人生計，在功利主義影響下，有些人寧可鋌而走險用更快的速度賺到更多的錢，才會在新聞報導上看到有律師和詐騙集團合作，知法玩法，利用法律專業不正當獲益。也因為通常涉入的議題複雜，律師是強烈考驗個人價值觀與道德感的專業工作！

向榜樣學習，曲老師的看見

遵守倫理守則是尊重自己專業工作的表現，法律制度是維護社會穩定運作的重要規則，需要秉持善念、良心與核心價值。

前臺北市議員陳雪芬

法律背景、律師出身的陳雪芬，第一份工作就是在臺北市擔任平民法律服務中心主任。隨著大女兒出生，她為了讓自己的時間更有彈性，於是決定開業。法學專業的她一直以來的態度就是遵守法律、說真話，如果委任的當事人想要鑽漏洞，她也會勸說對方遵守法律的規範，如果溝通無效，那麼她寧可不要接這樣的案件。後來因緣際會以無黨籍身分參選了臺北市議員，當選後憑藉著法學專業，秉持著實事求是、依法論法的精神問政，讓她連任三屆議員，歷經黃大洲、陳水扁與馬英九三任臺北市長。

她認為政治人物要有為公眾利益做決定承擔責任的勇氣，在決策過程應該要將自身利益放在後面，即便這個決定可能會得罪既得利益者或是讓某些人受到影響，但為謀求公眾利益或是人民長遠的福祉，政治人物必須要勇敢做出選擇。陳雪芬特別提到當年黃大洲市長要拆遷光華商場、開挖捷運、規劃大安森林公園、基隆河截彎取直都遇到極大的社會阻力；陳水扁市長廢公娼、改革民政單位的服務品質……，這些決定都會得罪市民，但為了社會進步與發展，政治人物會需要承擔改革帶來的壓力。

陳雪芬認為前臺北市長黃大洲在任期內的決策奠定了臺北市近三十年來的基礎建設與發展，但這些施政讓當時的臺北市民生活出現許多不便與困擾，而黃大洲認為絕大多數民眾只在乎眼前的舒適，沒有考慮臺北市未來的發展，面對民眾和媒體的批評，黃大洲並沒有放在心上。在過往的許多談話中總會提到「do something for Taipei city（我是為臺北做了一些事！）」對於自己的功過，他認為就讓歷史來見證。陳雪芬用這個例子來說明政治人物的決策會對社會帶來長遠的影響。

踏入政壇的陳雪芬覺得自己很幸運，在參選議員前就是長榮集團的法律顧問，總裁張榮發先生全力支持她參選，讓她不用煩惱籌措選舉經費，也讓陳雪芬在沒有選民和政黨包袱的情況下得以堅持做自己認為對的事。她舉例說，雖然她和國民黨比較有淵源，但是一向對事不對人。還記得一九九二年時，國民黨籍的市長黃大洲因指派涉嫌弊案之捷運局副局長賴世聲出任局長，議員對此紛表不滿，陳雪芬遂提起不信任案，連署議員人數近半數，成為臺北議會連署提案不信任市長的首例。然而在市府及國民黨團的折衝下，眼看連署無法通過，她的態度才逐漸趨緩。

陳雪芬在三屆議員任期後，在眾人的鼓勵下投入立法委員選舉，希望憑藉自己的法律專業對臺灣這片土地有更大的貢獻。當時正值朝野政黨內鬥，代表國民黨出征的她卻提出「國民合作救臺灣」的口號，呼籲選後國、民（國民黨、民進黨）合作以穩定政局，發展經濟。但這樣的理念在政黨政治的運作之下，陳雪芬和同理念的夥伴陳鴻基雙雙敗北。但對於自己提出共好的理念和那場選戰，陳雪芬自認問心無愧，也打出了一場漂亮的選戰。

從政期間，陳雪芬面對選民的請託只要是能力範圍內，合情合理合法的，她總是全力以赴；但如果可能涉及違法的，她也會坦白讓對方知道自己無能為力。她認為從政的誘惑太多，有時候牽涉到的利益龐大，要能堅持初心，把握原則不被影響，確實非常考驗人性！

向榜樣學習，曲老師的看見

權力越大，責任也就越大。要能堅持初心，把握核心價值，才能始終如一，做出負責任的決定。

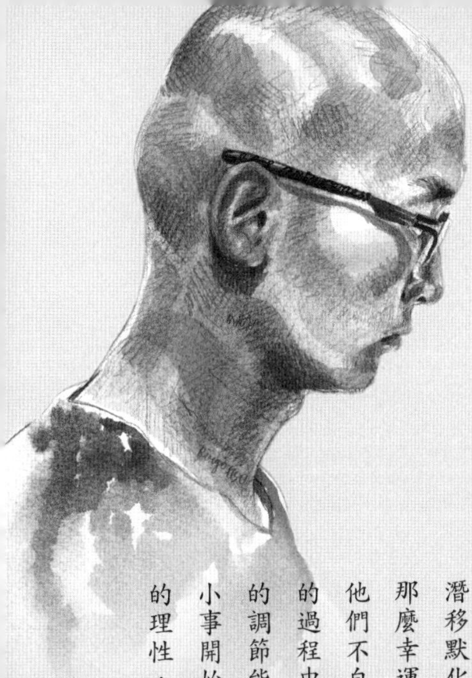

第四部

情緒素養的日常實踐：家庭與學校的場域智慧

社會情緒學習落實在生活中的每一天，大人是孩子的榜樣，潛移默化的威力深植於孩子的內心。當然，並不是每個人都那麼幸運。有些人從小到大，身邊充斥著許多負面教材，讓他們不自覺地習得傷害性的手段。有些人比較幸運，在長大的過程中自然而然藉由生命經驗發展出能因應不同環境刺激的調節能力。其實，只要刻意練習，從日常生活中的每一件小事開始，能力的提升是可預期的，任何人都不應高估自己的理性，情緒觸發的行為很多時候都只是本能反應。

13 實踐情緒素養的基礎心態與方法

情緒素養不用刻意教，大人日常的言行就是最好的教材。孩子在我們身邊無時無刻都在學習，這是不會停止的。這也是為什麼我在許多演講和工作坊的場合常會提醒大人們要自我修煉，培養獨處的習慣，讓專注力回歸自身，開始練習覺察，有意識的整理自己，為那些遭遇刺激後的自然反應進行預備，讓自己的非理性行為變得安全。我常開玩笑的說：「大人什麼都不會教也沒關係，至少不要帶給孩子們傷害。」

在生活的情境中善用體驗學習的模式進行教學，善用這些日常生活的片刻，將我們與孩子共同的生命經驗介入引導，陪伴孩子在不同的經驗後覺察和檢視自己的狀態，尤其是那些影響自己的核心特質，會在不同的生活情境反覆出現。

身教重於言教

我在《曲老師的情緒素養課》中曾提出經驗學習圈的概念，透過體驗、反思、分析、形塑到應用，藉由真實經驗後的引導，讓孩子更有意識的覺察當下自己的內在狀態與環境中的資訊，進而找到可能的介入策略，重塑新的行為模式。

體驗、反思、分析、形塑、應用這五個階段的實踐，不僅能建立孩子自我認識的基礎，更是他們蛻變的起點。生活當中每一刻的經驗都可能帶來影響和改變，有意識、有能力的覺知覺察意味著我們是活在當下的。

無論情緒素養的培養或是要能應用正向管教的方法，**最重要的就是身教**，我們的行動永遠比我們的言語更有力量，大人真的不用刻意教，光是潛移默化的威力就夠驚人的了。換言之，要培養孩子的情緒素養，大人平時就該養成練習的習慣。

這也是為什麼我常鼓勵父母和師長，留時間讓自己獨處，練習整理自己的生命經驗，這是認識自我的練習，也是我們在引導孩子前的基本功。

陪伴孩子練習

生活中的哪些經驗值得我們更仔細的品味？我通常建議，只要能觸發我們感受的事件，無論是好是壞，都應該留時間給自己好好整理這段經驗。

反思這個階段是對於情境、對於事件有更進一步的檢視，在這個經驗中有哪些細節是我應該更清楚掌握的？我在這個事件中受到什麼樣的刺激？我有哪些感受？為什麼我會有這些感受？我選擇如何行動？這樣的行動又帶來了什麼樣的結果？這個階段是初級的自我認識。

至於**分析**，則是在反思的基礎上更深一層的理解，每個人因為先天特質、原生家庭的環境、過往生命經驗的影響，很容易出現思維與行動的慣性，一旦成為慣性，人們通常就會不知不覺的反覆出現相似的行為模式。分析這個層次是幫助我們練習歸納、統整，更深一層次的認識自我，也就是薩提爾常在談的水面下的冰山。

要能夠倚靠**自我覺知覺察**就進入的這個層次絕對不簡單，大量有意識的練習是必要的。此外，人通常會有盲點或是逃避自己不想看見的，這時候就**需要自己信任的人給予回饋或對話**。

這樣的狀態對於大人要引導孩子自我認識尤其關鍵，特別是在成長過程中，許多孩子的自我認識是建立在錯誤的經驗中，大人第一時間的反應，決定了孩子是否有機會被引導，缺乏互信基礎的關係是沒辦法陪伴孩子認識自我的。

因為在缺乏信任的互動關係下，人類會本能的出現防衛機制，把真正的自我藏起來，因為不安全、因為害怕被指責、擔心不被接納，這樣的狀態反而浪費了一次犯錯的機會。

這是為什麼我常說，雖然違反人性，但是在面對孩子犯錯時，我們要先接納他的感受，其他的事都應該往後放。因為唯有孩子感受到他是被理解的，他才有機會開始真正的反省；我們才有機會引導他反思，開始練習認識自己。不然就容易流於處理表面的問題，因為孩子會選擇把真實的自己隱藏起來，表現出大人想要看見的樣子。

形塑的階段其實才進入所謂的指導，但這樣的指導**不是權威性的**，而是在協助孩子**看清楚自己的問題**，對於自己的處境也認為需要改變，願意合作，尋求他人的協助，這個時候才是合適的指導時機。

指導是提供可行的策略供孩子選擇，**而非強迫孩子接受我們的方法**，任何的協助都不應該凌駕於當事人的主體性，我們提供選擇，把選擇權還給孩子。所有的行為都有後果，就**讓後果來當老師**。

情緒素養和自我認識都是不斷循環的歷程，沒有終點。「自我」是一個持續變動的概念，這和經驗學習圈的概念相符，我們每一天都可以經歷體驗、反思、分析、形塑、應用的循環，同樣的經驗，一次又一次，帶來更深層次的覺知，就能讓「自我」的某個區塊變得清晰。

陪伴孩子反思與覺察的重要提醒

對於上述歷程，經過這些年反覆操作後，我有一些新的啟發，可以分成幾個部分來說明。

一、經驗後的反思著重在於引導孩子覺察，大人透過一連串的提問幫助孩子試著往內看，提問是有技巧的，不能像審問犯人那樣，大人需要對孩子**保持好奇心**，真心想要認識孩子的內在世界。

二、並不是所有經驗都需要進入反思階段，現實生活中我們並沒有那麼多時間，也可以說並不是所有事情都需要我們花費那麼多時間進行覺察和反思，通常會有意識的進行覺察，都是自己的核心議題或是生命階段中的重要課題。

三、大人應該先擁有覺察的習慣，敏於覺察的大人才會擁有足夠的工具陪伴孩子覺察。

四、適時分享我們對於孩子的觀察，一個人的自我認識會參照重要他人的評價。換句話說，當我們要評價孩子的時候應該特別小心，因為這些話語都可能成為他自我概念的一部分。

五、同樣的事件經驗後的反思累積到一定程度後，就有機會進入下一個階段。透過分析，引導孩子歸納和總結自己的核心特質，這是更深一層的自我認識。這個階段有一個小技巧，大人可以分享自己過去的觀察和總結性的想法跟孩子核對，建議不要直接跟孩子說：「我覺得你是……我覺得你怎麼樣……」這樣的說法容易讓孩子覺得你在貼他標籤，容易激起他的防衛和反抗心理。建議大人可以用比較委婉和保留的態度分享自己對孩子的觀察，並鼓勵孩子說出他對於這段描述的看法。

六、年紀較小的孩子可以省略分析的階段，在經驗後的覺察和反思之後帶入形塑策略的階段，協助孩子建立新的行為模式。分析需要更深層次的思考能力，對年紀小的孩子來說比較費力，再者，年紀小的孩子還有很高的可塑性，有些時候還沒有定型。即便如此，我們仍能依循體驗、反思的歷程，協助孩子建立自我覺察的習慣，從生活經驗中慢慢認識自己。

接納孩子的感受很重要

最後，對於大人來說最重要的應該是在孩子「經驗」當下的自我狀態。在孩子成長過程中，會需要大人引導覺察的通常都是孩子「犯錯的經驗」，這種時刻往往對大人的情緒穩定是最大的考驗。

整理好自己的情緒，接納孩子的感受，引導孩子覺察與陪伴孩子面對後果。這是我認為在孩子犯錯時大人最關鍵的幾個步驟。

很多人可能覺得很誇張，孩子犯錯了還要接納他的感受？這樣是不是太為難人了？真的是太違反人性了！但我認真的說，唯有如此，我們才能引導孩子覺察，幫助孩子更認識他自己。當孩子感受到自己被接納、被理解，才會有面對自己錯誤的勇氣，也才會願意在大人面前揭露那個不好的自己。這個階段非常重要，孩子能否真誠的反省，很重要的是**取決於身邊大人的態度**。

我們可以接納和理解孩子的感受，在這樣的狀態下陪他面對行為帶來的後果。正向管教、正向教養強調透過自然後果和邏輯後果來改變孩子的行為，這是「形塑」階段中的基礎。讓孩子藉由承擔這些後果，來思考自己應如何預防問題的發生，有什麼樣的替代性策略和方法能幫助自己再經歷相同的問題或困境。

但老實說，這對許多大人來說都非常挑戰。很多人在看到孩子犯錯時，常常控制不住自己的情緒，任憑那個非理性的自我凌駕於上，這樣不僅無法解決問題，往往還破壞了彼此的關係。

我常提醒身邊的大人，犯錯是重要的學習機會，犯錯是變好的起點。換句話說，孩子犯錯讓我們有機會陪伴他改變，成為更好的人。孩子犯錯得到的，應該是更認識自己，更有方法幫助自己面對未來的挑戰。孩子犯錯得到的，應該是學習的機會，而不是只有大人的情緒。

我常分享當年帶孩子去划獨木舟的經驗。在下水之前，獨木舟的教練提醒我們，不要將手機帶下去，畢竟獨木舟還是有可能會翻船的，如果帶著手機，不慎翻船後，手機可能沉入海底，要不然就是進水開不了機。

完成訓練後，我在岸上迎接孩子們一個一個上岸，其中一名孩子迎面而來，很清楚看見他眼眶裡的淚水，他手裡拿著自己的手機，很傷心的跟我說：「曲老師，我剛剛翻船掉進海裡，現在手機沒辦法開機了！」

聽到的當下，我瞬間的反應是說：「剛……」

我才說到「剛」就停住了，我想大部分讀者應該知道我原本要說的是什麼吧。我感謝自己能即時煞車，沒有讓那句話脫口而出。

為什麼說接納感受特別難？因為明明教練才剛提醒過，但無論什麼原因，孩子還是犯了剛剛才提醒過不要犯的錯。

我想，沒有人想讓自己的手機壞掉，當孩子打不開手機的當下，他就已經在承擔後果了。我們該做的是接納他的感受，陪他一起面對這個後果。

當下的我，換成了另一句話：**老師來陪你一起想辦法！**

雖然我沒辦法把手機修好，雖然我可能想不出辦法，但我能表達對孩子的理解，接納他的感受，讓他有能力、有動力持續行動，面對自己行為帶來的後果。

在生活情境中協助孩子培養核心能力

常有機會聽到孩子在醫院、診所和治療所進行社會技巧與情緒調節訓練的限制，那就是因為這些場域環境比較單純與結構，使得練習成果無法類化到一般的情境。這也是為什麼我喜歡運用自然情境教學法，因為這樣的狀態最貼近孩子的生活，相對的刺激也就比較強烈。這樣說不是在批判醫院和治療所的訓練是無效的，用一個比喻大家可能就更能理解了，這些機構安排的訓練比較偏向基礎訓練，自然情境教學則是實戰演練。

要如何應用體驗教育結合自然情境的教學方式，在生活情境中協助孩子培養核心能力呢？

簡單來說就是善用生活情境介入引導，協助孩子透過覺察、反思，更仔細的審視當下的生命經驗，同時透過跨情境經驗的歸納與統整，讓孩子意識到自身的核心問題，並嘗試尋求孩子的合作，在孩子具備情境問題意識的情況下，善用正向行為支持的理念，透過預防和替代兩種取向，提供孩子在面對問題時可參考與選擇的策略。

看到這裡，大家應該就更清楚為什麼我會想要孩子們到處走透透了吧。藉由創造與孩子們共同的生活經驗，積累能與孩子對話的素材，表面上在玩，其實就是在有意識的創造和等待，等待目標行為和情境出現，把握可教導的時刻，經由一次又一次的犯錯與練習，陪孩子鍛鍊其情緒素養。

要能善用這些經驗學習就要讓孩子有能力、有習慣將注意力回歸到自己身上。這些年的經驗讓我更清楚知道專注於自身的重要性，有人說這樣的狀態就是所謂的正念，專注於當下而不批判。要能更有效的進入這樣的狀態需要刻意練習，我們**可以從練習獨處開始**。

從獨處中開始自我覺察

什麼是獨處呢？獨處是給自己時間，好好的和自己相處，一杯咖啡的時間，一場電影的時間，一個人去散散步。這些年來，在我的營隊活動中總會安排這一個環節，讓孩子們一起走走路，二〇二三年開始，我甚至帶著孩子徒步旅行，雖然看似一群人走，但有非常多時刻，注意力是回歸自身的，就算是抱怨，也是一種自我對話。徒步當下，就是一種自然的將注意力回歸到己身的狀態。

自我覺察是培養自我意識的行動，自我覺察也是情緒素養的核心能力，它驅動著自我管理、社會覺察、關係技巧與負責任決策的能力。有效的引導孩子進行自我覺察的練習，**首先需要創造彼此共同的生活經驗**，就像前面說過的，我們是在經驗後引導孩子覺察與反思，因此，共同的生活經驗就成為我們與孩子對話的基礎，這樣對話的材料比孩子轉述來得更顯真實！

舉例來說，一個具有衝動特質的孩子，他在生活當中的許多情境都會自然流露衝動的本質，當孩子在我們面前展現衝動的行動後，我們更能掌握整個情境中的細節，藉由更好的提問引導孩子關注環境中的各種線索，覺察自身的處境、感受、想法、行動以及行動帶來的後果。這通常比只聽孩子轉述能掌握更多事件的細節。

在這樣的對話中，我通常選擇會透過問題澄清我所看見的，和孩子核對自己的狀態，畢竟當事人的感知還是最重要的，這樣的對話**建立在對等與尊重**，談話的氛圍是溫暖支持的。這些問題的出發點是關心與好奇，絕對不是質問和批判。需要注意的，還有**這個過程中大人的態度**。孩子在認識自我的過程中，多半會經歷許多錯誤和挫折，要讓孩子放心的認識自己，就需要**創造一個允許犯錯的環境**。在孩子經驗的當下，大人最重要的就是整理好自己的情緒，接納孩子的感受，唯有如此，孩子才能放心的在大人面前做自己，覺察才會開啟，不然羞愧、逃避的心理會掩蓋遮蔽重要的內在被揭露。

一次又一次經驗後的覺察反思幫助我們歸納和總結自己核心的特質與可能帶來的影響，這就是更深一層的自我認識。唯有真正的認識自己，才知道自己需要的是什麼，這就是為什麼自我覺察能幫助我們自我管理的原因。知道自己是一個不容易專注的人，在自我管理方面就需要更重視時間的觀念，甚至要發展出一套好的時間管理策略；知道自己容易衝動，在生活中就要想辦法幫自己建立防線，降低衝動這項特質帶來的傷害。更了解自己也是理解他人的基礎，我們可以把自己比喻成另一個人，我們無時無刻都在和一個人相處，那個人就是自己，如果有能力覺知覺察這個人（自己）的狀態，照顧好這個人的需求和感受，那麼要理解他人，擁有社會覺察就沒那麼困難了。

共同生命經驗讓引導更貼近真實

對孩子來說，每一個經驗都是練習覺察的機會。這些年來我帶著孩子們上山下海；週五晚上的生活管理訓練，帶孩子進廚房做菜，到不同風味的餐廳品嘗異國料理；週六上午的體適能訓練，我們用籃球運動陪伴孩子鍛鍊社會技巧和情緒調節的能力，在球場上練習衝動控制、團隊合作、領導與被領導；週日帶孩子們登山，透過徒步和爬山幫助孩子將注意力回歸自己，在登山的過程中好好呼吸，練習與自己對話；寒暑假，我們帶孩子去旅行，希望讓他們脫離舒適圈，練習在沒有爸媽照顧下獨立生活，我們從特定地點的定點旅行，也發展出徒步旅行的背包客行程，以及海外旅行。**這些活動的目的除了增加孩子的生命體驗外，更重要的是創造我們彼此共同的生命經驗**。為什麼共同的生命經驗那麼重要？

陪伴孩子自我認識，需要倚靠經驗後的反思，最好的時機就是我們與孩了共同的生命經驗後的引導，因為這對大人來說是最有機會掌握與孩子對話時聚焦的情境，因為這是你們共同的經驗，不用透過轉述或是想像去勾勒那個情境的輪廓和事件的細節，在引導孩子覺察時能更貼近真實情境。對我來說，這些年帶孩子們上山下海，這是最重要的一項收穫！在自然的情境中，和孩子們真實的生活在一起，透過經驗，陪伴孩子們覺察反思，一點一點的更認識自己。

生活中無時無刻都是自然的情境。爸爸媽媽們只要留心，就能體察哪些情境值得你介入引導。一旦明白這套方法論，日常生活中有太多可以覺察的機會。若是想要利用眼前的情境陪孩子練習，那麼一定要空出時間來，沒有足夠的時間體會，沒有足夠的時間對話，這樣的覺察是很表面的。對於現代人生活在快速變動的環境中，慢下來不僅要能對抗大環境的慣性，更需要能直面自己內在的焦慮。

放下手邊的事物，認真的與孩子相處，你就會發現值得你更進一步覺察的情境。這也是為什麼我說，只要給我和孩子們吃一頓飯的時間，我就有機會讓他們更認識自己。

我們就拿餐桌來談談社會情緒學習的訓練吧。

現在到餐廳常有機會看見拿手機、平板育兒的父母親，這樣非常可惜。因為用餐是一個需要讓專注力回歸自身的時刻，你吃進去的食物是什麼味道？它有哪些營養？它的味道、料理方式，我喜歡還是不喜歡？這些都是在與自我對話，是自我覺察的練習。

年紀大一點的孩子，如果在餐廳用餐，那麼他可能有機會自己點餐，挑選自己想要吃的東西，這就是練習選擇的情境。他在選擇時除了依據自己的喜好，有些時候可能還要考慮價格，消費行為揭示的是一個人的價值觀。再講細膩一點，當天孩子是很餓還是不那麼餓，這可能也會影響他的決策。

用餐時，大人需要和孩子互動，不同的料理使用的餐具不同，可能要注意的禮儀也有所差異。用餐點距離來說，如果坐在中間有轉盤的圓桌，那麼在夾菜前就要注意同桌其他人的狀況，避免跟別人碰撞或搶菜。如果吃的是西餐，刀叉的使用順序也有講究。支撐這些差異的背後是文化和不同地區人的生活習慣。這些行動能幫助孩子更好的自我管理。

此外，在用餐時，同桌的人會交談，吃一頓飯除了飽食一頓，也提供了孩子觀察他人及互動交流的機會。爸爸媽媽愛吃什麼？我們家都是如何點餐的？什麼樣的價位對我們來說是貴的？這些對環境的觀察、對人的觀察就是一種練習覺察的機會，也是社會覺察和關係技巧的練習。

點餐以後，如果口味不如預期該怎麼辦？有一道菜自己特別喜歡怎麼辦？會不會想到別人？要不要留給別人？若再往回看一點，在點菜時我們是如何決定的？這些行動的點點滴滴都是和孩子探討負責任決定的機會。

只要留心，生活中處處是覺察的機會！情緒素養就是一種生活樣態，每個人都能從小開始培養。

過去的訓練活動中，有利用廚房、球場和山野等自然情境來培養孩子的社會情緒學習能力，就讓我們來看看實際案例。

孩子在籃球場上爭搶，兩個人碰撞在一起，身體略顯瘦弱、年紀較小的孩子覺得對方是故意來撞他的！當下他的情緒激動，對撞到自己的學長拳打腳踢。老師見狀立刻出手制止，安撫情緒激動的孩子，也避免新一波的衝突。

運動時間結束，孩子們紛紛走回教室，在回程路上，剛剛情緒激動的小學弟又忍不住去踢了撞到他的學長一腳。

回到教室後，老師針對這個行為持續和小學弟溝通，試圖讓他理解學長並不是故意撞他的，也希望讓他知道，在籃球場，這樣的碰撞、肢體接觸很多時候是避免不了的。

老師和他談完後，兩個孩子分別去上課。沒想到中午兩個人碰在一起，這個小學弟的情緒又炸了！又對學長出現攻擊行為。

老師了解後得知，小學弟覺得學長在和另一位同學說早上發生的事（數落他、說他壞話），所以心裡的引信又被點燃。

針對這起衝突，兩個人的互動歷程，我們有幾個層面的問題需要關注：

一、在球場上碰撞後，明顯感受得到孩子的情緒強度，除了能同理孩子憤怒的情緒外，我們也需要替這個孩子爭取時間，緩和他的情緒，同時要避免雙方接觸，避免產生新的刺激引爆另一波的衝突。

二、引導孩子覺察當下的自己，回顧整個事件的歷程，這個碰撞是怎麼發生的？發生後自己的狀態如何？自己做了什麼？對方的反應如何？自己生氣的原因為何？是因為碰撞很痛嗎？還是因為覺得對方是故意的？或是覺得沒有搶到球很丟臉？這個環節考驗著老師的引導能力，有時候需要的是對孩子特質的理解、對情境的判讀，有時候也需要一點想像力。這個歷程是在幫助孩子覺察自己的狀態，也可以說是幫助孩子認識自己。

三、引導孩子思考，他在面對不預期刺激的反應，是不是都像在球場被撞到一樣那麼激動？引導孩子覺知自己生氣時的行為反應，這些行為有沒有對他的生活帶來困擾？這樣的討論是協助孩子進一步澄清，試著歸納出自己的核心問題。可以說是更深一層次的自我覺察的練習。

四、在孩子情緒稍微平復後，老師可以引導孩子建立合適的抒發情緒方法，也就是讓孩子思考，「當我憤怒時，除了去踢人、打人之外，我還能做些什麼？」這裡的討論是為了協助孩子建立SEL中自我管理的能力。

五、了解學長中午到底說了什麼？是小學弟誤會了？還是學長真的有說了刺激學弟的話？就算沒有說什麼，學長的行為是否仍刺激到小學弟？當然，也很有可能是小學弟太敏感了。這個問題的討論比較偏向SEL談的社會覺察，練習理解他人。當學長和學弟對彼此有更深的理解後，就有機會協助他們練習關係技巧，未來用彼此舒服的方式互動和相處。

大人的挑戰

大多數大人在面對前述情境時，比較挑戰的心理歷程有以下幾點：

一、一開始就從批判的角度切入，對於情緒爆炸、動手動腳的孩子來說，無疑是開啟深度對話的阻礙。我們可以在同理孩子情緒的基礎上讓他理解自己的行為需要修正調整。所有的行為都有後果，我們可以支持孩子的情緒，陪伴他一起面對行為的後果。

二、太快進入指導，孩子還處於情緒當中，甚至不知道自己到底怎麼了。這樣的指導流於表面，很難有實質的作用。

三、不理解孩子心理的糾結，人心是複雜的，孩子到底為什麼會暴怒？真的只是源自於當下的碰撞嗎？還是有其他可能因素？很多時候外人覺得的小事，卻會扎得當事人心很痛。

四、引導孩子認知調適，從學長學弟的衝突事件可知，學弟對於學長行為的詮釋是「故意的」。我們有沒有能力和孩子討論什麼是故意？什麼是不小心？什麼樣的狀態是合理的？這個討論沒有標準答案，很多時候甚至沒有終點，這可能只是單一情境獨立個案，也可能是小學弟的人生課題。

五、要能更穩定的介入和引導，大人就需要刻意練習、需要持續積累。在面對這樣的情境時，要從生手變成專家一定需要持續練習，這個歷程中不容易無時無刻都讓自己保持穩定，也不太可能每一件事都處理得很完美，關鍵在於每次事件後的自我省思和整理，預留這樣的時間給自己是必要的。教育工作中，大人是和孩子一起學習成長的，孩子也在幫助我們認識自己，為什麼常說孩子是我們的老師，大概就是這個道理吧。

曲老師的SEL心法

廚房混戰的起因是兩個孩子為了做完菜換誰洗碗而起了爭執，剛開始兩個人只是在嘗試還原過去幾次是怎麼輪流的。

其中一個人說，「這次輪到你洗碗了。」被要求的孩子說，「上次我洗過了，應該輪到妳才對。」先拋出這個問題的孩子回應說：「可是你上次沒洗乾淨，所以大家有討論你要再補洗……。」

沒錯，兩個人的矛盾就是從誰該洗碗開始。

接著，做菜的同時，兩個人都沒有想放過對方，對話中開始情緒出現波動，時不時會聽到一些挑釁的言論。

過去這兩人只要出現這樣的互動，我大多會即時預防性介入，避免事態擴大。但因為已經學期末了，我試著撤除一些輔助，也想看看兩個孩子在面對這個情境時會有什麼應對策略。

我口頭提醒其中一個孩子說：「我們好好做手中的事情，先不要理會他的那些話。洗碗的事，我們等等再討論。」

過沒多久，其中一個孩子拿剛折下的番茄梗（大概一顆花生大小），丟了跟她爭執的同學，另一個在洗菜的同學也不甘示弱的潑了水回去。

這個衝突很快在雙方開火後就結束了，先拿東西丟人被潑水的孩子躺在地上大哭大鬧，像個小小孩似的。這樣的舉動引起旁邊另一個孩子的反應，情緒也跟著激動起來。

這時候，我選擇介入讓彼此分開。讓他們視線上有所區隔。避免新的衝突產生，也讓雙方的情緒能有所沉澱。

原本在地上哭鬧的孩子後來站起來後，把手中的番茄往牆壁砸去，整顆番茄變得稀巴爛。

待她情緒稍微緩和後，我過去陪她整理剛剛事情發生的過程，把我看見的情況，先不帶有情緒和批判的還原給她聽。

她問我說：「那現在我要做什麼？」

我說：「可以先試著清理妳砸爛的番茄。」

待孩子清理完之後，她坐在沙發上精疲力竭的樣子，就是剛生完氣、氣力放盡的感覺。

我重新再整理了一次剛剛事情發生的經過，這一次，我加入了我的觀點和情緒。我告訴她說：「前面我有提醒，未來如果有人提醒，要記得聽聽別人的建議。再來，妳的情緒引爆這個衝突，妳很在意妳被潑水，但是，是妳先丟出番茄梗的，我們不能只看見對方的過錯而忽略自己的問題，老師覺得這也是妳過去在不同情境常會發生的。」

我接著說：「妳有發現嗎？妳宣洩情緒的方式引起其他同學的情緒和反應，老師得介入制止，不然新的衝突又會再發生。最後，我覺得我很無辜，番茄很無辜，妳把它砸爛了，我們大家就少了一個番茄可以用，妳還要花這麼多時間清理。」

在鼓勵孩子回到廚房工作前，我試著把今天的情境再拉高一個層次，希望讓她意識到她這樣的行為不僅在這裡發生，在學校也經常發生，甚至會直接把情緒宣洩在最親近的家人身上。

我跟她說：「不能因為我們夠好、夠熟，就在我的環境也開始無理取鬧，」

我知道她是有一定控制力的。也提醒她，不是所有人都必須無條件承接她這樣的行為。

我同時提醒她：「老師知道妳很喜歡交朋友，跟同學互動，但這些行為只會讓妳的機會變少，還記得之前沒辦法去學校上課嗎？馬上進入新的學習環境了，我們應該要記得這些行為可能帶來的後果。」

孩子很安靜的聽，透過簡單的回應和肢體語言回應。我鼓勵孩子回到廚房，我承諾她會陪伴和幫忙一起完成今天的任務，她表示同意。

這場戰爭暫時停火，雖然已經潑了對方水，但孩子很在意被丟的番茄梗還在地上，堅持要我處理，我承諾會處理，但為了考量剛剛已經歷過情緒爆炸孩子的狀態，當下我選擇延遲處理這件事。

我反覆告訴她：「老師會處理，謝謝妳關心那個番茄梗，但是我即便處理了也不一定要讓妳看到。」（不過我知道她需要看到）

從經驗中累積

前幾天才和老師談到，有亞斯特質的孩子在人際衝突中需要有人引導介入化解心結，不然那個固著性容易讓自己的人際關係陷入僵局。

其實，這些孩子就是需要靠持續的這些互動、摩擦、衝突，累積經驗值，讓他們看見自己在這些關係中的處境，時不時藉由一些正向經驗慢慢扭轉自我概念和拉大彈性。

對於這些孩子來說，大多在乎公平性，在乎自己的權益有沒有受損，在乎對方有沒有因為自己的行為付出代價。

為了照顧他們的需求，有時候的確需要一些儀式感，需要刻意做給他們看。但為與不為是每個人可以決定的，很多時候必須考量當下的情境，自己選擇扮演什麼角色。

善用我們與孩子共同的生命經驗，透過覺察與反思引導孩子認識自己，我們可以把這個歷程當作是初級的自我認識。當大人能與孩子彼此經歷無數回合的經驗與反思後，就有機會陪伴孩子更進一步的歸納、統整過去這些經驗與反思的回合，進入分析的階段，也就是更深一層次的認識自我。在這樣的狀態後進入指導性的工作才有意義。

當孩子清楚知道自己的問題，理解自己的內在狀態，就更能承擔生命的責任。我認為理解自己的問題是正視問題的開始，由內而外的動力絕對比外在提醒更有力量。體驗、反思（覺察）、分析後的指導也才能發揮效益。不過，我在過去的經驗中發現，大人喜於指導的慣性往往容易忽略要在經驗後陪孩子覺察、反思與分析，在經驗後就直接進入指導，這樣會大大降低指導對孩子帶來的影響。

14

家庭篇：營造支持性的成長搖籃

蒙特梭利教育對於年幼孩子的描述是，孩子就像一塊海綿一樣，具有吸收性心智，也就是無論好壞照單全收。你甚至不知道他們到底接收到什麼。孩子會直覺性的向環境內的大人學習，很多時候爸媽不用刻意教，潛移默化的影響就讓他們自然習得。

這個過程對很多父母來說是無意識的，他們根本沒有意識到孩子到底接收到了什麼。我常鼓勵父母親找機會聽聽自己都說了些什麼，嘗試將陪伴孩子的過程錄音，放出來聽的時候，感受一下錄音檔中的大人給你什麼樣的感覺，他使用的語言是不是溫暖且堅定的。

如果自己聽不出來，也可以找信任的夥伴一起聽，看看對方會給你什麼樣的回饋。我也常提醒爸媽，不要小看自己的一句話，這些言語都會植入孩子的潛意識，有很高的機會成為他們自我概念的一部分，這是為什麼我在與孩子對話時特別小心和保留的原因。

避免預設立場的溝通

我的觀察和看法不見得都是對的，甚至我根本沒有看見事情的全貌，孩子心裡的想法應該他自己最清楚，我對他的回饋都只是推測。在這樣的前提下，我們應該更重視孩子自己的聲音，而非隨意給他貼標籤。很多爸媽會慣性的把自己的想法投射在孩子身上，這是一種認知上的偏誤。人總認為自己是對的，傾向於選擇性忽視或合理化解釋，而不是重新評估自己的想法。爸爸媽媽用自己的成長經驗來推論孩子的狀態，用所謂合理的邏輯解釋孩子的行為，這是許多大人常見的習慣，但我想提醒的是這樣的偏誤常形成爸媽和孩子溝通時的阻礙。

要避免認知偏誤造成溝通困難，爸爸媽媽在溝通時要盡可能**避免預設立場**，甚至要隨時提醒自己「我可能錯了」，保持自我懷疑，練習換位思考，孩子可能並不是我所想的那樣，重視證據而非仰賴直覺。隨時對孩子抱持好奇，鼓勵孩子盡可能的分享內心的想法。

我常和爸媽說：「你聽孩子說話的方式決定了他還要不要繼續說！」傾聽者的任務是保持平靜，嘗試去聽到還沒有說出口的話，並看見表面訊息背後的故事與脈絡。對孩子抱持著好奇心，不要用質問的語氣和孩子對話。試想，我們會想和什麼樣的人說話？

面對孩子的情緒，爸爸媽媽最重要的提醒是要能讓自己保持穩定。換句話說，當孩子有情緒，爸媽第一時間想的不是去介入處理孩子的情緒，不是去安撫孩子，是**要先安頓好自己**。

調節情緒最重要的關鍵在於時間，時間是緩和情緒的鑰匙，留時間給孩子，留時間給自己，留時間給那正在波動的情緒。不要急著說什麼話，不要急著做什麼事，不要急著介入，這些行動都是干擾。停頓、佇足，留時間給彼此，隨著時間的流逝，情緒會慢慢地緩和。試著覺察，辨識、理解與標記當下的情緒，練習表達和調節。要有意識地切開情緒和行為，任何情緒都應該被接納！

在家中營造支持性的情緒環境

情緒是生活的日常，家是孩子學習面對情緒的第一個環境，爸媽是孩子情緒學習初始的互動對象。這樣的學習甚至是從孩子在母親肚子裡面就開始了。孩子在長大的過程中，和主要照顧者的親密關係對他的安全感及社會性互動有重要的影響，在《不讓你孤獨》中有完整的說明，有興趣的讀者可以參閱。

對於孩子的情緒，**安全感有著關鍵影響**。缺乏安全感的孩子，容易受到環境的刺激，容易處於自我保護的狀態，遇到一點風吹草動就打開情緒防護罩，自然情緒容易不穩定。缺乏安全感也讓孩子較難與他人建立信任關係，影響其與他人的連結。這樣的狀態讓孩子更難走出家庭，發展與他人的關係，社會性的連結斷裂，人際關係緊張又再一次的加重情緒的負擔和壓力。這時候如果父母親不理解孩子的狀態，運用不適當的手段介入，無論是權威或是壓抑都會讓孩子的情緒變得更扭曲，造成惡性循環。

心理學家史考特．考夫曼（Scott Kaufman）曾用大海中的帆船圖來說明他對於馬斯洛的需求層次理論的理解，我認為這張圖非常貼近我對於人類需求的認識。船身有三個重要的核心需求，分別是安全感、連結和自尊。簡單來說，如果一個人缺乏安全感，缺少社會性互動和他人的連結，在生活中沒有成就感，自我效能感低落，那麼這個人一定常處於不穩定的狀態，而情緒就會成為他與環境溝通互動的主要工具。試想一個孩子缺乏安全感、與他人的連結和自信自尊，他會是什麼樣子？他在生活中會出現哪些問題？有經驗的人應該可以想像，這樣的孩子要不是常有情緒行為，要不就是離群索居，在網路化的時代更常見的就是沉溺於雲端的世界，我想這不會是我們所樂見的下一代。相反的，具有安全感、與他人能建立良好的互動關係，能有自信掌握生活中事物的孩子就能勇敢的探索這個世界，找到屬於自己的熱情與熱愛，更有目標感的生活，探索？熱愛與目標是帆船的船帆，它影響著方向性。孩子是複雜有機的生命體，這些核心需求彼此相互影響，而父母親在這個過程中扮演著重要的角色。

考夫曼的帆船需求理論。

比爾．蓋茲（Bill Gates）最新自傳《原始碼：成為比爾．蓋茲》回顧自己的成長歷程，其中一件影響他最大的事情，是他在青少年時期的徒步旅行。他認為徒步旅行不僅養成了自己的生活能力，更重要的是讓他具有冒險的勇氣！我想比爾．蓋茲能在童年期這樣冒險，擁有自由探索的時間，與他父母親創造的環境和教養方式有直接關聯。對我來說，這樣的自由時間對孩子來說是重要的。置身於真實世界中，有人陪著一起冒險，讓他們未來能更勇敢的踏出下一步！

我認為父母親應該營造一個穩定、支持情緒的環境，而在這樣的環境中應該把握以下幾點原則：

一、**無條件的接納所有情緒**，因為情緒沒有對錯和好壞。父母親在接納孩子的情緒前應先接納自己的情緒，有情緒是正常的，不要苛責自己，習慣忽略自身情緒，或是壓抑這些心情容易帶來更大的副作用。

二、**給予孩子一個安全**、**安靜**、**不被打擾的角落**。當孩子有情緒的時候，應該要讓環境淨空，避免當下再有新的刺激造成影響。每個人都需要這樣的空間和時間，爸爸媽媽也需要更有意識的練習獨處。當有情緒時應該保持距離，給予空間和時間。

三、先照顧情緒，再處理事情。當心情不穩定，頭腦就不清楚，當大腦被情緒佔據就不會思考。缺乏覺察，沒有好的調節機制，就很難做出好的決策，更不用說是負責任的決定了。當有情緒時，先練習整理好自己的情緒再去行動。

四、任何教養手段都要秉持不傷害的原則。要避免運用權威或是處罰來面對孩子的情緒行為，舉例來說，常見的是當孩子生氣哭鬧，爸媽就打他，要孩子不要哭鬧。但這樣做容易讓孩子誤解，以為情緒是問題，久而久之，就會不自覺的壓抑自己的情緒。

五、有意識的區辨情緒和行為。情緒沒有對錯，創造一個不批判情緒的環境，鼓勵孩子平時就練習覺察自身的情緒狀態。在這樣的基礎上，孩子比較能用適當的方法表達和調節情緒。情緒是自然的、是正常的，行為則是可以替換，可以改變的。

除了把握上述五個重要的原則外，爸媽還需要教養的工具，我認為在生活環境中善用經驗學習以及正向管教的方法是幫助孩子建立社會情緒學習能力的關鍵。關於體驗學習的策略在《曲老師的情緒素養課》及本書前面篇章有初階和進階的說明，讀者可套用生活中的實例搭配練習。這裡我想談談為什麼落實社會情緒學習的教育要善用正向管教。

善用正向管教，父母先保持自身穩定

無論是自我覺察還是調節能力都是在生活情境中一點一滴練習而來的，孩子成長過程中最重要的練習對象就是爸爸媽媽（主要照顧者），因為生活在一起的時間長、互動的頻率高。正向管教對於社會情緒學習而言是不會有副作用的教養方式，因為善用自然後果和邏輯後果來形塑孩子的行為，會帶來社會情緒學習的正面影響，懲罰比較容易帶來不好的副作用，因為暴力通常只會帶來更多的暴力和問題！

父母在落實正向管教時一定要**先保持自身的穩定性**，因為操作行為的後果需要一顆清醒的腦袋，保持自己的平穩，穩定好自身情緒才有能力因應各種突如其來的變化，陪伴孩子一起面對行為帶來的結果。

父母要能在這樣的過程中自處，適當的反應和回應就仰賴平時自我覺察的練習，因為這些行動背後都牽涉到自己的信念和價值觀。自我覺察也能提升對自我的掌握程度，因為對自我狀態掌握度低，持續本能的行動可能增加生活中的成本，這個成本就是與外界碰撞帶來的情緒擾動和壓力。對他人理解程度低，可能觸犯到他人而不自知，也增加了生活成本，影響身體預算。在正向管教中，有些後果是我們不能承擔的，也不應該讓孩子去承擔。對於身體預算的基本影響（健康、精神、體能）就不適合用後果來操作，因為這可能會帶來嚴重和不可逆的後果。

給父母的自我修煉

關於父母在社會情緒學習的自我修煉，我整理出以下二十點供讀者參考：

一、空下一段時間，找到一個情境，讓自己有機會獨處，練習覺察和整埋。

二、列出生活中有哪些與孩子互動及相處的情境會讓自己比較容易感受到壓力或是情緒失控。

三、思考可以做些什麼，能幫助自己緩解這些壓力和調適情緒。

四、進一步找出生活中與孩子相處的循環和模式，思考這些狀態對自己的壓力和情緒有什麼影響？思考自己生活中與孩子互動既有的模式為何？如果這個模式是不樂見的，那麼可以如何改變。

五、更進一步思考影響自己行動背後的因素有哪些？早年生命經驗對自己教養孩子的影響為何？上一代的教養方式對自己教養孩子的影響為何？自己有哪些價值觀？這些價值觀又如何影響著我與孩子互動的關係與要求？

六、問問自己，在與孩子相處時，哪些情境曾經讓自己感受到困惑？不理解孩子為什麼會有這樣的行為？用孩子的視角看世界，試著理解孩子想法或行動背後的價值觀為何？

七、平時在與孩子互動時，先練習不帶評價的聽他說話，不要急於指導他，不要急於批判他，要保持著好奇心，真心的想要了解他。對話時，無論他說的事情有多麼天馬行空，都不加以批判；如果他表現出不可理喻或是嘗試情緒勒索，要保持原則，對話可以暫停。

八、要能與時俱進，重視時代變化對孩子的影響。不同年紀的孩子狀態不同，要面對的挑戰也不同，隨著年紀增長，孩子會越來越有自己的想法，尋求並尋求獨立和自我認同（做自己），不要用對小小孩的方式來對待大孩子。

九、面對價值觀的衝突，要用尊重孩子的方式讓他理解自己的想法。不要事事都想運用父母的權威來解決，父母的角色本身就具有權威，但也因為如此，更要小心使用。

十、面對衝突，要相信永遠有更好的解決方案。這樣想比較不容易固執己見，也比較不會灰心喪氣。

十一、預防勝於治療，平常就要預留時間和孩子相處，在孩子的情感帳戶儲蓄。

十二、在日常生活中要適時的創造情緒價值，那些美好的相處時刻不僅曾成為未來美好的回憶，也能讓彼此的關係更穩固。

十三、不要過度承擔孩子的責任，孩子是獨立的個體，在生活中讓他練習做決定，練習讓他承擔決定帶來的後果和責任。

十四、平時可以向孩子揭露自己的情緒和壓力，讓孩子理解原來有情緒和壓力時不用掩飾，能表達出來讓身邊的人知道。

十五、當孩子引爆自己的情緒時，什麼話都不要說，什麼事都不要做，先給自己一個空間緩衝，整理自己的情緒後再思考下一步。

十六、平時可以藉由身邊人的故事或是社會案例和孩子討論，藉此澄清彼此的價值觀和形塑重要的價值觀。

十七、讓孩子練習承擔自然的後果和邏輯的後果，過度保護，不讓孩子承擔後果，孩子很難長大！

十八、利用生活情境陪伴孩子做出當下認為最好的決定，這個對話需要有充足的時間，要讓孩子願意揭露自己真實的想法，父母可以分享不同選擇可能帶來的影響，分析不同選擇的利弊得失，在孩子能負責的範圍內，讓他自己練習做決定。

十九、把孩子帶好是投資，是一種公共財，這個投資回報影響的不只是一個家庭，孩子對身處的環境是會帶來影響的。教養、教育看起來是父母的事，但其實也是整個社會的事。教養孩子是對自己負責，這份責任是多元的，是對自己、對孩子，也是對國家社會，甚至對全世界的責任。

二十、不要忘記，父母只是你的其中一個身分，生活中要適時跳脫這個身分，照顧好自己的情緒與壓力，才容易創造好的親子關係。

曲老師的SEL心法

學測放榜了！大孩子很興奮的跟我分享自己的成績，國文分數出奇的高（頂標），大孩子提到作文題目「關於52赫茲，我想說的是……」

大孩子寫完就知道自己在這個題目發揮得很好！

他告訴我，他在作文中寫到這幾年參與我們營隊的體會，尤其是徒步旅行帶給他的感受……當下我沒有追問，因為我懂他的明白！

他想告訴我，這些年他在參與我們活動時的見聞和體會幫助他在敘寫這個題目時超常發揮：52赫茲鯨魚（52-hertz whale），被稱為世界上最孤獨的鯨魚，牠帶有獨特性的意象，像是特殊、孤獨、孤單……等。

這些年來看見他慢慢變得成熟，鋼鐵直男多了柔軟、敏感、細膩與感性。對於自身的特質也有更全面的認識與理解。

有趣的是，大孩子分享參與我們營隊活動帶給他的改變，像是開始不挑食，因為肚子很餓的時候什麼都吃，在參與營隊前特別擔心的問題被解決。參與營隊讓他反應速度變快，因為需要因應許多突發狀況。原本害羞、不敢和陌生人說話的問題也獲得改善，因為有太多需要和他人互動的機會。

很高興大孩子在學測獲得出乎意料的好成績，他告訴我自己接下來的規劃，預計要讀臺師大特教系（我絕對沒有勸說喔）。

對談中，大孩子特別提到，「參與營隊和徒步旅行真的太特別了，這些經驗是我同儕少有的！我就問同學要不要跟我們去走路？」

同學多半的回應都是：「你瘋啦！沒事讓自己那麼累幹嘛！」

看過韓劇《非常律師禹英禑》就知道主角喜歡鯨魚，這部韓劇用鯨魚象徵和比喻她人生的遭遇與勇敢做自己的心境！劇中，禹英禑用角鯨比喻自己，就像52赫茲的鯨魚獨闖海洋，即使面對外界異樣的眼光，她仍勇敢嘗試，面對生活。她說：「我就像混入白鯨群裡迷路的一角鯨，在陌生的海洋裡跟我不熟悉的白鯨們一起生活，因為大家都跟我不一樣，所以我很難適應，也有很多鯨魚們討厭我。但是沒關係，因為這是我的人生，我的人生雖然奇特又古怪，但同時也很有價值又美好。」

感謝大孩子看見自己的與眾不同，賞識自己的獨特！不要忘記，你不孤單，我們一直都在！

家庭中常見的情緒問題與解決方案

以下用幾個案例來提供爸爸媽媽參考，如何在生活中解決情緒問題。

在生活中應有意識的引導孩子覺察情緒

小一新生的媽媽這段期間頻繁接到學校老師的訊息，孩子在學校動手打了同學、上課到一半突然站起來，老師要求他坐下，他也不願意配合。

我好奇的問：「已經是下學期了，剛入學的狀況如何？」

媽媽回說：「剛入學沒有出現這些行為，那個時候比較常被老師提醒的是上課會離開位子，還有就是自己的東西會擺在座位旁邊的地上。」

我問：「平時他在家的狀況如何？有沒有媽媽覺得比較特別或是讓妳不理解的地方？」

媽媽回憶說：「最近有幾次莫名的發脾氣，但是看不出來到底是什麼原因讓他不高興，而且怎麼問也問不出原因。」媽媽接著說：「有一次是在理髮的時候，突然就爆炸了！情緒非常的大，也不知道發生什麼事。而且孩子只要生氣就會很鬧騰，當下很難被引導。」

經過一段時間與媽媽的對話，了解孩子的特質和目前整體生活的安排，心裡大概對孩子的狀態有些輪廓，也比較知道可以提供媽媽什麼建議。

我建議媽媽可以試著觀察幾個孩子固定活動的情境，確認一下這些情境當中孩子與其他人的互動，尤其是那些有大孩子出沒的場所。

我也建議她，平時和孩子相處時，可以試著把自己的情緒說出來，和孩子分享自己的狀態，這會是一種示範。這樣的分享也提供孩子學習用言語來表達自己情緒的機會，是很重要的參照。

如果孩子爆炸了，可以不用立即介入，只要確保不要有新的刺激繼續影響他，像是身邊其他大人的情緒或是妹妹的行為表現……。等他情緒稍微平復後，可以試著猜猜看孩子受到什麼刺激，可以多猜猜看孩子的情緒來源，讓他可以透過選擇來表達自己的情緒。如果他選不出來也沒關係，不要勉強。這個討論是允許沒有答案的。

我和媽媽分享：「這個年紀的孩子不清楚自己的狀態是很常見的，有些人就算年紀再大一些，沒有機會或是不習慣練習覺察，也很容易處在這種不確定的狀態。」

孩子的情緒都是有原因的，我們需要慢慢陪他釐清，這樣的互動就是在引導他練習自我覺察，能讓他越來越認識自己。

所有的情緒都是有原因的

近期在許多學校研習場域跟老師們談情緒素養與正向管教，主要的目標就是探討如何在具備情緒素養的狀態下能在教學場域落實正向管教。在談正向管教時，特別提醒老師們要意識到**教育合夥人的概念**，因為正向管教強調透過因果關係來調整和改善孩子的行為。

當老師要讓孩子承擔後果時，要確認這個後果是不是大家都覺得能承擔的。尤其是孩子的監護人、主要照顧者。不然當孩子在承擔後果時，有時候卻是老師在承擔責難。明明犯錯的是小孩，老師卻需要在輔導管教時付出代價。

在這個時代，管教孩子時可能還需要考量這個作法是否能獲得家長的理解和支持。早上起床看到有家長提問：「曲老師，如果只有一個單一照顧者，要如何維持情緒穩定並堅守界線呢？」

我的回覆是：「一個人面對，有時候的確會比較辛苦。不過策略和方法無論幾個人都應該是一樣的。面對孩子時先要整理好自己的情緒再去行動。」

面對情緒最重要的策略是時間，在情緒高漲的時候，先不用去做什麼，給情緒時間，留時間給自己，也留給對方，在彼此情緒不穩定的時候談判、介入容易把握不好原則。

有時候一個人說不定比兩個人更容易有效執行！因為一個人只要面對自己的內心，兩個人還需要溝通對話，甚至有時還需要進行價值觀辯證。

父母、親師在教養和管教上需要對話和溝通，不然孩子是很能夠在夾縫間求生存的。

情緒是一種表達自我的方式，也是重要的求助訊號

近期在學校表現相對穩定的孩子，回到家之後頻繁的爆炸，爸媽都覺得很困擾。媽媽分享孩子在家的表現，他只是因為無法順利將筆芯放進筆芯盒就受不了，開始甩東西發洩，把筆芯盒都摔壞了，弄得家裡髒兮兮的。雖然這個狀態緩解恢復穩定後，他會表達歉意，但沒過多久，他又會因為外人看起來的小事而爆炸。

我提出一些疑問，像是：孩子大約回到家後多久會有這樣的情緒反應？頻率多高？大約持續多久？你們用什麼樣的方式回應？這些情緒的觸發點為何？透過一些資訊的核對，我認為這和孩子最近在學校表現好可能也有關聯性？怎麼說呢？

依我看來，這個孩子近期在學校的好表現可能是他努力壓抑自己情緒的結果，這樣的壓抑和控制讓他在學校換來比較穩定的表現，但在這樣的狀態下仍然累積了不少心理壓力。等回到自己熟悉的環境，再加上最後一根稻草，就讓他開始宣洩自己累積大半天的情緒。

我鼓勵媽媽面對這樣的情境要能保持穩定，畢竟用情緒對抗這個情境通常換來的只是強度更強、更惡劣的心理狀態。我也鼓勵爸爸要堅持原則，守護好自己的界線，避免成為孩子情緒暴走時的目標對象。引導孩子覺察自己每天不同時刻的情緒狀態，發展預防性的策略，讓孩子在放學後養成一種健康發洩壓力的儀式，透過不同的形式合理宣洩自己的情緒。簡單來說，就是讓他在爆掉之前就先採取預防性行動。比如，當我們知道孩子需要宣洩，就可以安排體能性活動讓孩子在運動過程中抒發這些情緒，或是在放學後投其所好，讓孩子去便利商店買自己喜歡吃的零食一樣。

曲老師的SEL心法

很多時候，我們會參照身邊信任的人的回饋來認識自己。

我最近和一個中學的孩子對話，分享這一年多以來對他的觀察。這些對話源自於我對他人際互動的擔心，過去在幾個不同場合都看見他與他人互動時太過直接。

先說明，我基本上認為直接的溝通是好事，但是這個孩子的直接方式會讓我擔心，擔心他與他人的人際關係，包含與家人的關係、師長的關係和同儕關係會出問題。

我分享了過去看見他和別人互動的方式，藉此核對他自己的想法。有些事件因為事隔久遠，孩子已經記憶模糊。

這也是為什麼我常和夥伴們說，如果是核心目標，對孩子來說是核心問題，那麼這個對話不能隔那麼久。

不過，講著講著，這個孩子主動說：「我知道我講話很直、很硬！我一直都知道。」這個回應代表他是有意識在行動的，而非不清楚自己行為的模式或是與他人的互動方式。

接著，我透過一些問題引導他思考這樣的互動方式帶來的後果，還有這些後果對他造成的影響，甚至會不會有什麼困擾。

孩子思考了一段時間後表示，他感受不到自己這樣做的後果，也就是他很直接的說話之後，並未感覺到別人對他的態度和互動有什麼改變。

唯獨爸爸和媽媽有時候受不了會直接找他談，爸爸的反應讓他覺得這不是一個困擾，因為如果他讓爸爸不開心了，最後爸爸都會主動來和談。

孩子接著說：「媽媽則是會問一些我回答不出來的問題，像是媽媽會要我想發生了什麼事，像是我說了什麼、做了什麼，我知道自己說了什麼，但我不知道為什麼媽媽會因為這樣不高興。但是她總是要我想，所以我都要想很久，還不見得知道原因。至於其他人，我是沒感覺他們有什麼反應。」

因為我們有許多共同的生活經驗，我很清楚知道團體中有些人對於他的直接有意見、有反應。但是顯然這個孩子沒有發現，也間接說明了為什麼他會持續這樣行動。再次強調，我沒有覺得直接不好，只是擔心他無條件的直接未來會讓他受到傷害。

和這個孩子對話後，確認他對於自己的狀態是有意識的，但對於他人的感受和反應則比較無感，也可能是別人有技巧的掩飾了自己的感覺和行動。其實這樣的狀態是幸福的，就是做自己，至於別人的反應，有些時候我們真的不用那麼在意。過去有不少孩子就困在這一點上繞不開。

談話最後，孩子表示，其實這樣的互動方式有時候還是會帶給他困擾，尤其是和母親的互動。他也不想要常常讓媽媽不高興。

我鼓勵他從現在開始關注自己的行動和言語對他人帶來的影響，尤其是自己在意的人、重要的人。

我和孩子分享：「直接沒有不好！如果我們能更清楚知道我們的直接會帶來什麼樣的影響，會讓人有什麼樣的感受就更好了！如果是清楚知道這些後果的，我們就更能掌握自己『要』或『不要』這樣行動。」

我也鼓勵他的父母要練習直接表達自己的感受，以及孩子表達的方式對他們帶來的影響。而不要只透過提問題要孩子想，因為沒有足夠的經驗參照，對於他人感知又不敏銳的孩子很有可能沒辦法思考。

對我來說，有時候無知是幸福的，很多孩子在學生時期困在這一關，人際關係帶給他們很大的生活壓力。這個對話雖然可能開啟了潘朵拉的盒子，但那是基於對孩子的關心和未雨綢繆。

能有這樣的對話是因為我們有許多共同的生活經驗，這是為什麼我常和身邊的夥伴說，和孩子們真實的生活在一起是重要的。和孩子一起活動和旅行都是學習認識自己的機會。

15

學校篇：培養全校性的SEL文化

社會情緒學習需要大人親身實踐，教師必須言行一致，藉由實際的互動讓學生們共同學習。研究告訴我們，擁有更大權力的一方更有可能影響另一方，展現慈悲心的教師會對課堂的幸福感產生直接影響，大人的言行就像埋在土裡的種子。教師是學生身邊的嚮導而非舞台上的聖人。

大多數人在與他人互動時，很少意識到自己的影響。擁有自我覺察的能力，我們就能開始調節我們的情緒，然後可以關心他人，逐漸擴展關注的範圍。具備自我覺察，我們學習到自己對群體的影響，自我覺察將一切聯繫在一起，如果你無法幫助自己，你就不能期待自己能去支持別人。自我覺察是起點也是最重要的一步。社會情緒學習不只是一門課程，而是學校的DNA。對我來說，社會情緒學習應是教育團體的核心使命。

具備社會情緒學習力的教師

要成為社會情緒學習學校，最關鍵的就是老師具備社會情緒學習的能力，同時家長也重視孩子社會情緒學習的發展。那麼，具備社會情緒學習力的教師圖像是如何的呢？

一、擁有自我覺察的能力和習慣。在繁忙的教學輔導工作中能適時的空下時間覺察和整理自己內在狀態，知道自己情緒與壓力的來源，影響自身的相關因素。

二、具備調節情緒與排解壓力的能力。在與專業領域的利害關係人（學生、家長、校內同儕）互動和合作時，能保持情緒穩定，遭遇刺激和挑戰也能運用策略平衡自身的壓力。

三、能多元思考，能同理不同情境脈絡的人事物。教學輔導工作應保持彈性，不要預設立場，或是用過去的經驗論斷眼前的孩子，教師要有專業幫助自己理解不同家庭背景、不同特質孩子的處境。

四、善用關係技巧，創造互信的關係。面對職場上不同的利益關係人，除了要有能力傾聽外，也要能用尊重他人的方式表達自己。

五、教師應謹言慎行，不要輕忽自己對孩子帶來的影響。任何行動都代表當下自己的選擇，在行動前要能多方考量，行動後承擔合理的後果。

身教勝於言教，教師的言行就和家長一樣重要，對孩子會帶來潛移默化的影響。

社會情緒學習學校的工作重點

CASEL曾提出社會情緒學習全校性工作指南，包含以下四個重點：

一、**建立基礎支持並制定計畫：**確定在學校實施社會情緒學習所需的關鍵利益相關者有哪些人？利益相關者需要哪些訊息才能參與？需要什麼資源才能落實社會情緒學習？描述學校理想的社會情緒學習的願景。知道自己目前在這條路上的位置。了解如何實現願景，並不斷評估自己的進步。

二、**加強成人的社會情緒學習：**在培養學生的社會情緒學習技能和知識前，必須先建立成人的知識。所謂的成人不只是老師，也包含學校行政人員、地方官員、輔導教師、巡堂老師、家長，甚至社區人士，確保這些成人能樹立社會情緒學習的榜樣。

三、**促進學生的社會情緒學習：**除了課程，研究顯示要使社會情緒學習真正有效，需要全校性的實施方法。整個學校必須營造正向的氛圍，應延伸到學校的每個角落、教室、學生家裡甚至社區。

四、**實踐並持續改進：**舉行社會情緒學習專業發展，可以定期舉行讀書會，鼓勵同儕間、教師與校長間或合作成員之間的課堂觀摩。

培養全校社會情緒學習文化的方法是建立關係。有效溝通、練習團隊合作、解決問題和展現領導力等人際關係技巧，對於建立社會情緒學習文化非常重要。改變對某些人可能很困難，為了創造正向的經驗，應該創造讓雙方都感覺安全、有價值和真誠且正向的互動關係。

那麼，老師們在學校中該如何促進學生的社會情緒學習發展呢？CASEL提出以下幾個重點：

一、**基礎心態：**教師賦予學生運用自身資源發展社會情緒學習的五項能力。過程中，教師需給予回饋和支持，幫助學生專注於個人成長；教師應幫助學生了解自己的動機、優勢、價值觀和理想；教師應富有好奇心、同情心、勇氣和覺察與創意，並保持尊重和信任；教師會有意識的關注過去成功的經驗，相信人是有創意的，相信學生能成長和成功；教師相信人永遠有選擇的自由。

二、**重視關係：**教師要保持真誠和同理心，展現承諾和誠實，尊重學生的想法和學習風格；積極支持學生，與學生建立穩固且有影響力的關係。

三、**教練技巧：**教師應展現集中性注意力、傾聽、直覺、好奇心和信任。傾聽是基本技巧，傾聽有助於教師更深入地了解學生的想法、感受和處境。

學校內的任何情境都能融入情緒教育，因為情緒無處不在。教師應該有意識的選擇隨機教學，知識性的學習會被AI取代，孩子核心能力的培養無價。

曲老師的SEL心法

轉大人的孩子提出一些近期的困擾，他覺得現在班上同學都不怎麼願意跟他一起，小時候好像比較能和同學打成一片，怎麼年紀越大卻越來越困難？

這樣的疏離讓他更不想讓自己看起來不一樣，不願意去資源班上課，因為會被同學指指點點。這些年他刻意隱藏身分，因為在學校常會聽到有同學會用「那是去上資源班的同學……」

他不願意服藥，因為覺得服藥讓他像是一個有問題的人，他瞞著家人把藥吐掉，甚至自行研發解藥——在吃藥後吃白砂糖，減緩藥效對身體的作用。

這些行為背後的目的都是希望「讓自己看起來沒有那麼不同！希望讓自己感

覺自己和別人一樣」。

聽孩子傾訴自己的困擾時，常會聽到身邊的大人正向的鼓勵他：要接納自己的特別，過動是天賦，當外星人沒有什麼不好！

基本上這些概念我都認同，但我沒有勉強孩子接受，因為，眼前的他還不到那個階段，是無法理解和體會的。因為他是我從小看大的孩子，我選擇同理他的感受、困難並且加碼。我和他分享平時活動中對他的觀察，除了容易受環境與同儕影響外，常會不合宜的用耍寶、搞笑來吸引他人的目光。

孩子立刻承認：「對，我就是透過搞笑、耍寶來吸引別人的注意！但是這些方法過去都有用啊！」

我對孩子說：「同學們都慢慢長大了！和小時候不一樣，這套過去可行，但現在已經不可行了！事實也證明現在不恰當的行為只會讓同學更疏遠你。（因為青少年會覺得丟臉啊！）」

我告訴孩子：「不想讓別人覺得自己很怪，就要學習和練習不同的互動方式，你可以試試像我們現在這樣認真說話。」

我們接著討論了平時的生活作息、學習的適應、用藥的影響和希望隱身在群體中不願曝光特教生身分的心態。

對我來說，這是孩子自我認識的重要歷程，重要的不是我告訴他什麼，而是他在生活中觀察到什麼？感受到什麼？有什麼困擾？有什麼困惑？

我不會選擇用簡單的觀念濃縮自我概念，畢竟自我是非常複雜且主觀的。

在欣賞自己之前應充分認識自我，我認為結論式、雞湯式的討論幫助有限，反而會加深孩子的困惑。很多人都說特別很棒，但孩子當下的感受就真的很糟啊！

要讓孩子覺得自己很棒，那就要想辦法創造成功的經驗讓孩子多元的認識自我，獨特為什麼是優勢？不是只是說說就好。

真的有人一開始就願意選擇當外星人？還是只是不得不的選擇？

老師的身教與陪伴

美國開始推動社會情緒學習的教育目的就是為了降低校園霸凌問題的發生。CASEL近年來持續發展與社會情緒學習有關的方案和研究，重視孩子在成長過程中一切核心的事物，幫助孩子提升情緒管理能力，有效面對與處理自己的人際關係，進而帶動個人的學習品質與成效。新加坡多年前早已將社會情緒學習當作全體國民的必修課，臺灣也在二〇二五年開始編列了五年的中程計畫，在義務教育階段推動社會情緒學習的教育。

我在《曲老師的情緒素養課》中就已完整提出社會情緒學習本土化的實踐經驗，當中清楚交代落實情緒素養的方法論，透過自然情境中的經驗學習和隨機教學，引導孩子覺察反思、歸納統整與形塑方法，在幫助孩子自我認識的同時也提升其情緒素養。

時至今日，臺灣教育當局已將社會情緒學習納入國民義務教育，勢必會開始透過教師培訓或是一系列方案讓學校看見情緒素養的概念。但就像我過去常在學校進行這個主題分享時提到的，情緒素養教育**最重要的是老師的身教**，若只是把社會情緒學習課程化，那麼要達到情緒素養當初設定的目標，絕對會非常困難！

對於義務教育階段要推動情緒素養，我認為首重教師與行政人員的身心健康，要讓教育工作者擁有調節情緒的核心能力，有意識透過覺察整理自身在教學場域的內在狀態，同時透過親師合作，讓爸媽清楚知道情緒素養的內涵和重要性，在結合校園活動和課程學習時才能有效落實。**情緒素養應該是孩子生活的一部分**，不應該只是課程的一部分。

在AI時代，許多知識性的概念很容易被取代，當孩子具有學習的動機和方法，只要提供他們合適的工具，他們就可以自主學習。換句話說，知識將變得廉價，那麼學校教育的價值到底是什麼？這是一個絕佳的反思機會。

教育輔導工作的使命是陪伴孩子認識自己，情緒素養能幫助孩子們更加認識自己和理解他人。在時間有限的情況下，我們到底要拿來教知識還是要幫助孩子從實際經驗中學習情緒管理、壓力調適和面對人際關係的衝突？我想這是老師必須做出選擇的！

我相信一定有不少老師聽到教育部要推社會情緒學習時，心裡想的是自己哪裡有那麼多的時間做這個做那個？如果有這樣的煩惱，那麼我建議你把時間花在培養孩子的核心能力上，因為在這個時代，這些遠比認知學習來得更無可取代。

情緒素養是孩子生活的一部分，在校園生活中要預留時間和孩子對話，陪孩子練習覺察與反思。我認為減法思維是必要的，不要把時間填得太滿，不要把課程安排得太緊湊，所謂少即是多就是這個道理。

此外，也要有意識的在不同領域課程中植入情緒素養的概念。過去這六年的實踐經驗讓我對於運用健康與體育、綜合活動等領域落實情緒素養非常有信心。看到這裡，一定有不少人會誤解，情緒素養是不是非得要跟學科學習、認知學習脫鉤？會有這樣想法的人是對情緒素養欠缺完整的理解，面對學習的課題，我們一樣能透過引導孩子自我覺察，釐清自我學習的挑戰和困境，一樣能透過自我管理的訓練，幫助孩子更有效的掌握學習的品質。

對我來說，每一個經驗都是孩子學習的機會！在校園當中，我們無時無刻都有機會陪伴孩子覺察，陪伴孩子好好面對自己的情緒，好好處理自我與他人的關係。校園內常見的通報案件也是重要的學習機會，無論是性平、霸凌案件中的行為人與被行為人，只要身邊的大人願意花時間陪伴，好好梳理這個經驗，對孩子們來說都是重要的學習機會。

通報程序冗長複雜，常需耗費大量的時間，但若我們相信犯錯是孩子改變的起點，只要我們做對關鍵的事，陪孩子覺察與整理，而非只是配合規定完成法定程序，那麼這就會是變好的開始！

教師團隊的自我覺察練習

與團隊夥伴在探討自我覺察時，我特別鼓勵老師們要在平時生活中善用經驗引導孩子刻意練習，練習辨識自己的情緒，練習用描述自己當下的狀態，建立自己的情緒資料庫。

遇到不同的刺激，我們身體會有感知，情緒是自然產生的，用語言來描述情緒是為了幫助我們建立情緒資料庫，因為豐厚我們的情緒資料庫，能幫助我們的大腦未來在面對不同刺激時更快速有效的辨識當下事件與過往經驗的差異，這個自動化的比對能幫助我們更有效的辨識與覺察。

團隊夥伴提到這週孩子們在學校中發生的衝突，老師們描述了衝突發生的過程，孩子之間的矛盾，當事人的心理狀態，也就是透過討論還原事發經過，確認前事、行為與後果。同時提到事件過後讓雙方對話，讓事件落幕。

在聽夥伴們分享時，我特別提出，若是聚焦孩子情緒素養、自我覺察能力的訓練，我們就不能只處理事件，關注孩子的感受，引導孩子覺察事件當下自己的狀態和情緒帶來的影響會先於處理事件和復盤。

事件的簡單經過是，孩子們在玩遊戲時，其中一個孩子因為晚加入團體，在還沒有掌握遊戲規則，甚至不希望配合他人規則的狀態下情緒爆發，在遊戲中攻擊同學。當下，我們應該要關注孩子個別的情緒狀態，透過對話引導孩子辨識、釐清自己當下的情緒、感受以及這些情緒和感受對自己行為的影響。

通常在陪伴孩子面對這樣狀態的當下，如果希望孩子未來能更細緻的覺察自我的情緒，增加孩子的情緒資料庫，就不應該用簡單的情緒名詞來泛稱所有相似的情境。換句話說，這個孩子在遊戲中的狀態不見得只是生氣，可能包含無奈、無助或是想掌控、想受到重視……而被打後回擊的同學可能不見得只是生氣，可能感覺錯愕、驚訝、莫名其妙、被激怒……。

討論的過程，年紀越小的孩子越需要大人的陪伴和引導，很多時候大人需要猜測或是描述我們在旁邊對孩子的觀察。覺察能力的養成其實很多時候也需要身邊人的回饋。

我的習慣是我會對孩子提出我的觀察或想法，幫助他核對自己的狀態。我通常會和孩子說：「如果老師說的不對，你可以告訴我！」畢竟感受是非常個人且主觀的。

旁人的觀察是提供孩子一些覺察的線索和可能性。

在引導孩子覺察與關注自身感受之後再進入陪伴雙方核對事件與復盤。若是跳過前面一個步驟，直接進入事件處理，就很有可能浪費一次陪伴孩子提升情緒素養的機會！

教師的社會覺察

和特教輔導老師探討個案問題時，老師提出有兩個孩子對語文課學習有困擾，出現逃課的狀況。

其中一名孩子在離開課堂後，特教輔導老師和他互動時明確表達了自己在語文課上的困難。在特教輔導老師協助他釐清問題後，便向語文老師說明孩子的狀況。

我鼓勵這位老師能適時接住孩子，有能力和孩子對話，在確認孩子的需求後跟語文課老師溝通。我也分享了我會在他努力的基礎上多做些什麼：對於這個情境，我會選擇拉著這個孩子和語文科老師一起溝通，一方面讓孩子知道，我重視他的聲音、關心他的需求，老師也很努力想要幫忙；同時也要和語文科老師核對，面對這個孩子的需求，我們在課堂上會做哪些調整。改變需要時間，即便沒有辦法立即調整，也要讓孩子知道老師的努力。

如果孩子很認真向我們反映他所遭遇的困境後，但我們卻沒有作為或實際問題沒有獲得改善，那會是多麼讓人沮喪的一件事？不僅破壞彼此的信任感，也可能讓孩子回到課堂上再次面對失敗。

討論完這個孩子的問題後，特教輔導老師跟我說他知道該怎麼處理另一個逃離語文課孩子的問題了。因為孩子也有明確表達自己在語文課上遇到的問題跟困難。

我趕緊打斷他，跟他說：「雖然情境相似，但我對兩個孩子有非常不一樣的想法。所以你如果用剛剛討論的方法面對這個孩子的問題，可能沒有效果。」

我接著說：「這個孩子不是只在語文課逃課，過去他只要遇到自己認為困難或是覺得麻煩的課程，他通常都會逃離課堂，他的議題比前面一個孩子複雜多了！這已經是他面對困難的慣性反應，如果我們跟孩子關係夠，應該提出我們對他的觀察和他核對，這是在增強我們對他的認識。對我們來說，這是社會覺察的練習，我們的回饋也是幫助他自我覺察的重要資訊。當然，跟任課老師的溝通還是必要的，我想強調的，是他的逃課是普遍性問題，逃避是他面對困難的機制，應該有人跟他更深入的討論這個狀態。」

老師緊接著提出另一個問題：「他這學期在英文課表現很好！因為他分在程度比較簡單的班級。家長和老師都覺得他應該轉到課程難度比較高的班級。我們有和孩子分析並給他考慮的時間，讓他自己決定。他考慮了很久，但是拒絕了。」

我回應說：「很容易理解啊，要是我也會拒絕！一個習慣逃避困難的孩子當然會選擇待在舒適圈，在自己能掌握的學習環境會帶來滿足感和成就感。對於轉班這件事，我有不同的看法。」

我接著說：「我覺得應該善用這個成功經驗大大的鼓勵他！讓他知道他是可以好好待在班上學習的，轉班的事情可以暫緩，先跟任課老師溝通，適度在原班級慢慢調整教材難度。」

衝突事件處理

我在臉書上收到一位老師留言詢問，想了解主持孩子衝突事件後續的處理方式。他的留言如下：

因為教學現場充滿了死不認錯的樣態，瀰漫著只要我不認，錯就不在我的情況。像病毒一樣，一個傳一個。

我認同老師所說的，但我也擔憂，這樣的情況成為常態性的班級氛圍時，我們有什麼因應策略？而其他孩子又會如何解讀和看待這樣的事件？我們如何引導他們形塑正確的價值觀？如果做錯事後所付出的成本如此低微，我很擔憂是否會一直重演？

關於孩子是否認錯這件事，其實能談的還真不少。到底怎麼樣才算是認錯？我比較在意的是他是不是真的知道自己的問題，能否意識到當下自我的處境。

回到這位老師的提問，如果班上有一位不願意認錯的孩子，我們是不是就只能輕輕放下？我認為要看這個孩子的態度，他知道自己錯了，但是沒有能力接受自己的錯誤？還是他根本不覺得自己有錯？抑或是即便知道自己錯了也無所謂，想要耍賴拖過去？

這三種狀態的後續處理方式會很不一樣，我原本文字的情境指的是第一種：孩子知道自己錯了，但是目前他沒有能力接受自己的錯誤。勉強他認錯道歉是表面上的反省，這個程序流於形式，對我來說，這個會議並沒有讓孩子承擔應有的後果，而是讓他知道，我們全部人都正在關注這個事件，而你是事件的主角。

至於老師提問中指出這樣的狀態會不會讓孩子付出的成本很低微？關於這個問題我是這樣看的：我們可以從行為的後果來看待犯錯孩子的處境，在正向管教中常談的兩個後果，一個是自然的後果，另一個是邏輯的後果。

在這個事件中，犯錯的孩子會承擔自然後果，就是他會破壞別人的對他的信任，這樣的行為也會影響他的人際關係，同學可能會遠離他。至於邏輯後果則是校規，他沒辦法面對錯誤，不代表他不用承擔學校的規範和懲處。對我來說，這些成本都不低。我之所以不想勉強他在現場直接道歉，那是因為我知道即使當下壓著他做了，他也只會積累更多情緒在心裡。並沒有辦法真正解決問題。

至於老師提問的班上其他同學會不會有樣學樣？這就考驗老師班級經營的能力了。我們的班級要建立什麼樣的文化？我是不是一個有原則的大人？

對於控制能力不佳，還沒有辦法掌握好自己狀態的孩子也不應該輕易合理化自己的行為，老師在現場除了主持公道，顧及被侵害學生權益的同時，也要讓孩子們知道，有些人還沒準備好，他們會需要更多時間練習。這個引導過程真的就是考驗老師擔任「話事人」的功力了。

再講簡單一點，孩子犯錯就要付出代價，承擔後果。容錯的環境絕對不是讓孩子蒙混過關！所有行為都是有後果的，處罰只是所有後果中的一種形式。

收到一位大孩子的父親很真誠的向我表達感謝，孩子快要完成學業準備出社會工作。他說：「他成長的轉變，可給一些特別學童和家長很好的case study！老師和訓練團隊的功勞最大。」

真的一點不誇張，因為他的情緒行為讓他當年不得不轉換學習環境，學校輔導室轉介這個孩子給我，他在我們團隊磨練了好多年。印象中，剛開始他幾乎每一次生氣都爆炸，爆發的強度不等，輕則飆罵，嚴重大概就是引發肢體衝突。

謝謝這位父親的肯定，更讓我堅信這些年來努力的價值，陪伴一個孩子改變就是帶來一個家庭的改變，也讓整個社會少了一些些風險。**需要最多的孩子往往得到最少，就是因為他們控制得不好，那麼就應該讓他們有更多機會練習。**

至於我們是怎麼辦到的？我特別翻出二〇二二年一月二十八日的日記，這個孩子當天和同學在便利商店因為座位問題產生爭執，整個大爆發，就連警察到場他都未能平復。

二〇二二年一月二十八日寒假營隊第三天紀錄

兩個青少年為爭奪座位在超商面前大打出手，其中一位就像變身的浩克一樣，兩位老師怎麼拉都拉不住！他衝進便利商店拿傘，想要進行新一波的攻擊，被身旁的老師阻止後，索性開始破壞便利商店的物品。從超商監視器畫面看起來，他前後折斷兩把雨傘，處在氣頭上的他破壞了不少超商物品。走出超商後，他再度撞見剛和自己大打出手的同學，他撿起地上石頭想要繼續第二回合的攻擊，這時兩位派出所的員警到達現場，在員警和老師的安撫下，衝突沒有持續擴大。

幾位老師分工，第一時間有老師把其餘同學帶離現場，有人和警察說明大孩子的狀況，有人向超商店員表達願意賠償，並協助店內恢復原狀。另外兩位老師分別安撫事件的兩位男主角。

我和爆氣的大孩子說：「氣炸了齁！就跟先前在學校的時候一樣。」（大孩子眼眶泛淚的點點頭）

我接著說：「感覺得到你剛剛真的很生氣。能不能讓我知道發生了什麼事？」

大孩子說：「我離開位子去買東西，回來後發現位子被坐了，我請他起來，他不起來，還挑釁我，我就受不了了！」

我說：「他怎麼挑釁你？當下你做了什麼？」

大孩子說：「他要我去坐別的地方，他跟我說：『我就是不起來！不然你要怎樣？不然你吼我或是打我啊！』我就拿手中的寶特瓶打他……接著他也打回來，我們兩個就打成一團……」

我說：「後來你跑進超商後拿雨傘，是想要用雨傘打他嗎？」

大孩子說：「對！想要拿雨傘出去揍他！」

我說：「破壞其他店內的東西是在發洩情緒嗎？就像之前在學校生氣起來破壞同學們的物品一樣？」

大孩子說：「對！」

這時警察打斷我們的談話，正式但溫和的告誡大孩子後，留下老師的聯絡方式後離去。我先將眼前所能看見已損壞的物品賠給店員，同時留下手機號碼，待他們盤點後向店長報備確認後，有需要進一步賠償再跟我聯繫。

店員看我很主動表示且願意負責，在我賠款後還很貼心的跟我說：「我有附上明細，你可以向家長請款。」

我讓其他夥伴先離開現場，陪大孩子坐在超商休息區，繼續未完的對話。

大孩子哭著問我：「你是不是要我離開這個活動了？」

我回答：「不會，不要擔心，你是我們團隊的一份子。今天沒有人會需要離開，我也沒打算現在打電話給你爸媽，因為當下他們也幫不上忙。但我需要你和我合作，跟我一起想辦法。」我接著說：「我知道你也不願意這樣，這種狀態讓你自己很困擾。之前在學校發生的事我都有聽爸媽說過，上次的事件你不是賠了同學好幾萬塊嗎？」（大孩子的淚水仍然沒有停下來）

後續我們討論了過去這段期間的努力，以及接下來我們還可以做些什麼，從醫療、輔導、學習的角度介入。我們在超商休息區待了一個多小時，我建議大孩子可以先回宿舍盥洗後再和大家會合。他接受我的建議，洗完澡後狀態也明顯穩定許多。

他再次加入隊伍，我邀請兩位青少年握手言和。會這樣做，是基於對雙方狀態的理解，因為他們都不是會記仇的人，這樣做也可以降低彼此的不安全感，避免短時間內再發生衝突。其實，我完全沒想到大孩子在衝突後當下擔心的是自己無法繼續待在這個團體。或許，這是他過去經常得到的後果，也可以說是處罰吧。

曲老師的SEL心法

發生衝突孩子的雙方家長都到現場後，其中一個孩子拒絕參與親師座談，他不想要面對自己行為帶來的結果。

我單獨和他談了幾分鐘，讓他知道這個會議的目的，並且向他保證老師不會勉強他在會議中做任何事。

孩子考慮了一會兒後，勉強同意進到會議室，一進去就黏在自己父親身上，主持會議的我特別觀察這個孩子的反應。大部分時間他的身體語言都在抗拒面對這場會議，翻白眼、身體扭捏，老師提問，他也表現出不耐煩、不願意回答問題。

會議中，我盡可能中性的還原事件全貌，並且數度重申召開這場會議的目的。我引導受到傷害的孩子盡可能表達自己的想法，也讓他的傷勢在會議上被呈現出來。即使如此，弄傷同學的孩子仍然不為所動，依舊表現出被動和抗拒。直到我刻意延伸到其他同學的問題時，孩子才稍稍卸下心防，有所回應。

我向受傷孩子的家長表達這場會議目前遭遇的困難，希望家長能給我們更多時間陪伴孩子們面對眼前的議題。

我很直接的告訴家長：「如果現在我勉強這個孩子道歉，那是沒有幫助的，甚至可能會帶來反效果。這個孩子還需要時間練習面對自己的錯誤！」

謝謝家長的支持，沒有在這個當下為難我和為難這個孩子。

會議結束後，我特別留下了弄傷別人孩子的家長。我向他確認孩子過去面對錯誤的狀態，是不是都和今天我們看到的一樣？

家長很誠實的告訴我，在原來的學校就不斷遇到這樣的問題。當他犯錯後，總是擺出這樣的姿態，讓學校老師很受不了，覺得這個孩子不受教。

我感謝家長的坦白，讓我有機會核對我的猜測。這個孩子至今仍沒有能力面對不好的自己，無論面對自己的錯誤或是學習，他都選擇用逃避來面對，這個發現對我來說甚至比他和同學這次的衝突來得更重要！

其實，阻礙這個孩子進步最大的原因就是他無法坦然面對自我，浪費了過去每一次犯錯後變好的機會。

對我來說，這就是孩子的議題，如果我能引導他意識到自己的核心問題，那麼他的改變是可以期待的，我也認為當這個狀態解除了，很多生活中的問題也就跟著消失了。那麼，面對這個孩子時就不用像打地鼠一樣疲於奔命。

發現根本性的問題是關鍵性的一步！

處理孩子情緒行為的基本原則

和老師討論班上孩子的情緒行為問題，我提問了幾個關於現場的問題。

老師表示孩子會在被同學拒絕後立刻出手攻擊同學，而且是非常用力的那一種。孩子情緒的轉折非常迅速，老師的比喻是從0瞬間上升到10，讓他們根本來不及預防。老師們擔心，如果孩子手上拿的是工具，像是剪刀或筆，後果將不堪設想。

老師覺得要預防真的太困難了，因為那是孩子瞬間的反應。另一個老師補充說，孩子打完人之後又會非常後悔，覺得自己很糟糕。

我接著又提問了幾個問題，想要了解那個被拒絕的情境到底是怎麼一回事。老師表示就是一個孩子在看報紙寫重點，他走過去想要加入，但是拿著報紙的孩子不願意，很直接的向他說No、拒絕他，接著，那個拒絕他的孩子就被揍了。

我和老師分享我的看法：

一、要想辦法讓這個孩子**有成功調節自己情緒的經驗**，在任何互動的情境，哪怕是最後他生氣了，都還是有可以鼓勵他的點。要特別把他做的好的點提出來，像是生氣的時間縮短了、沒有動手打人，或是在老師介入後有冷靜下來，要想辦法讓孩子看見自己的改變和進步。

二、要協助孩子**建立成長型的思維**，讓他知道現在每一次的失敗都會讓自己變得更好，變得更了解自己。只要在生氣衝突之後，好好跟老師合作一起梳理這個經驗，這些所謂的失敗就是有價值的。

三、陪孩子**練習覺察和反思**。每一次的經驗都可以是孩子更認識自己的機會，透過引導孩子覺察，幫忙他建立自己的情緒資料庫，就算是生氣，每一次的生氣也都有差異。當這個資料庫越來越豐富，當未來再遇到相似情境時，孩子的覺察能力提升了，就能更快辨識自己當下的狀態，也就有更好的調節能力。

四、孩子的核心問題除了**情緒調節**外還有**社會技巧**，當我遇到這樣的情境後，我會試著理解當下那個互動情境到底發生了什麼事？是什麼刺激到了這個孩子？聽起來這個孩子**沒有足夠的社會技巧**讓對方願意跟他一起活動，於是在被直接拒絕後，就出手了。

五、**對於不可控的風險還是需要預防**。就像老師擔心的一樣，如果孩子手拿尖銳物品，後果將不堪設想。如果是我，還是會進行預防性安排和與孩子約定。像是分組會盡可能讓這兩個人分開，同時和這個孩子約定，完成一個工作後要換另外一個工作或是想和其他人一起工作時請找老師幫忙協調，因為現在的他還不具備自己處理這樣社交情境的能力。

六、讓其他孩子知道怎麼和他相處，尤其是最常和他衝突的同學，也可以教導他如何有技巧的拒絕對方。這個互動能促進孩子對於班上不同特質同學的理解，是培養同理心的基礎。

七、每一次的衝突都可能成為班上一次學習的機會。如果是我，會預設這個衝突有可能發生，甚至會預留跟孩子們討論的時間。不要忘記，我們協助情緒行為的孩子就是在進行情緒教育，這個環境中的每個孩子也都在學習。當下花時間確認孩子的情緒和狀態，與孩子對話，看起來好像花的時間比較多，但長期來看是更有效能的，因為當孩子對自己的情緒有更好的覺察能力，也能帶動他的學習表現。換句話說，**慢其實才是快（效能）**。

八、主動跟家長說明和溝通，**邀請家長合作**，如果經濟條件允許，應該讓孩子在課後進行情緒相關的學習和訓練，而不只是把時間拿去補國語、數學、英文。因為這個孩子在情緒調節有明顯需求，我們不應該視而不見。

結語

AI時代的幸福感與內在富裕

情緒商數，簡稱情商（Emotional Intelligence Quotient，縮寫為EQ），是一種自我情緒控制能力的指數，由美國心理學家彼得．沙洛維（Peter Salovey）於一九九一年提出，情商是一種認識、了解、控制情緒的能力。跟智商不同，情商可以經過學習而提升。

丹尼爾．高曼和其他幾個研究者發展了情緒商數的概念，並於一九九五年出版《EQ：決定一生幸福與成就的永恆力量》（*Emotional Intelligence*）一書，他認為情商和智商一樣重要。高曼在著作中提出情商的五個構念，分別是自我覺察、自我規範、自我激勵、同理心和檢驗現實的能力。

所謂的自我覺察指的是精準的情緒自我覺察；自我規範則是強調情緒的表達是可控的，我們要能積極、適當地控制和表達情緒自我情緒；自我激勵指的是調動情緒，達成自我激勵、自我驅動，完成目標；同理心則是共情的能力，要能通過細微的信號，敏感地感受到他人的需求和欲望，識別他人的情緒。扮演好的聆聽者，當別人在傾訴時，能巧妙地回應，表達理解、尊重對方的訴求。善於調控他人的情緒反應，幫助別人表達情緒。

而現實的檢驗能力是精準和客觀地檢驗現實（reality testing）環境中的資源、有利與不利的事物。面對現實能保持樂觀，積極地面對變化，綜合各種資源靈活應對多變的環境和壓力，成功地解決問題。上述提到的概念性框架其實已經可以說是社會情緒學習的基礎架構。

就在EQ這本書問世二十年後的二〇一五年，高曼和管理學大師彼得・聖吉（Peter M. Senge）合力完成 *The Triple Focus: A New Approach to Education*，臺灣翻譯成

《未來教育新焦點：專注自己、關懷他人、理解世界》。這本書也是吸引我開始探索社會情緒學習的起點。對我來說，當年這本書可以說是全世界開始關注社會情緒的濫觴。差不多同一時間，美國的組織CASEL提出了SEL的概念。

從這個概念的發展歷程可知，這個概念框架源自於關注人類的情緒、情商，但發展至社會情緒學習的概念後，就不單單只談個人的情緒議題，社會情緒突顯的是人活在群體之中，我們的一切無法脫離社會，包含我們的情緒狀態也深受環境的刺激和影響！

其實社會情緒學習並未脫離丹尼爾．高曼當年提出的情商構念，雖然無法每個概念一對一對應，但若用社會情緒學習的概念對應情商EQ幾乎毫無違和感！自我規範和自我激勵基本上都屬於自我管理的內涵。同理心談的就是社會覺察，當能覺察他人的狀態，很多時候問題就已經解決一半了。而具有現實檢驗的能力是負責任決策的基礎，實事求是的面對問題，那些困難才有可能被解決！

讓社會情緒學習為教育現場帶來一些副作用！

看到副作用，很多人直覺聯想到都是不好的，因為副作用在醫學領域常被用來形容不良反應，但事實上副作用也可以指那些「有益處、意料之外」的效果。

對我來說，副作用是一般人可能會忽略的功能，因為文化背景、專業知識的差異，對於社會情緒學習的認識也會有所不同。基本上，我認為社會情緒學習是每個人的基本功，無論本身條件為何，它對於我們的人生會產生關鍵性作用，這也是為什麼二〇一九年時，我在《曲老師的情緒素養課》中就特別強調SEL的重要性，這些年也刻意分享許多在自然情境中的實踐經驗。

身為特教輔導老師，我真心覺得教育現場若能落實社會情緒學習，那麼就有機會提升融合教育的品質。教學現場的許多安排，就有機會在相互理解的基礎上創造最少限制的環境讓孩子們的學習需求被照顧。

對於老師而言，有能力覺察自我的狀態，就能讓自己有能力保持平穩，在與孩子們互動的歷程逐漸形塑自己的哲學觀，面對教學現場許多突如其來的刺激也就更能穩定回應。具有好的自我管理能力，就更能掌握自己的身心狀態，也更能理解孩子們因基礎需求不被滿足時容易受到什麼樣內外在刺激的影響，以及有哪些策略能因應！具有社會覺察讓我們更有能力理解身邊這些不同特質、家庭背景不同的孩子，這些理解也才能轉化為實際的行動，帶出適當的互動技巧，在面對不同的情境時就能幫助自己做出負責任、能承擔後果的決定！

融合教育的品質是學習場域中每個人的責任，如果我們認同「每個人都是獨一無二」的概念，就能理解特殊教育只是我們認識人的一種方式，和這些所謂的特教生相處，或是特教生和普通生相處，正是培養社會覺察和關係技巧最好的練習機會。隨著這樣的互動經驗與覺察，也反過來幫助環境中的每個人認識自我，進而養成更好的自我管理能力。對於不同群體的認識和理解是社會覺察能力的基礎，我在本書中特別用文化力來形容。當我們越有能力理解和我們不同的人，就會帶來生命的彈性和與韌性，而學校環境應是這些能力養成的重要場域。畢竟許多人與特殊生的第一次接觸就是在校園中，如果這個經驗帶來的只有情緒和偏見，那麼我們怎麼能期待融合教育能帶來共融社會呢？

教育部於二〇二五年二月二十七日公布「教育部社會情緒學習中長程計畫第一期五年計畫」，正式宣告臺灣教育進入社會情緒學習（SEL）元年，希望這波改革有機會帶來一些副作用，提升國教現場融合教育的品質。

在生活中看見幸福感、寬恕與感恩的重要性

在輔導工作中，每當遇見忤逆父母的孩子，我總會分享一些不同角度的觀點。

在我的專業工作中，有機會與在安置機構中被父母拋棄的孩子相遇。試想，就連自己都活不下去的人，他該怎麼照顧別人？這樣的「包袱」對任何人來說都是重中之重。這些事件有錯綜複雜的因果，有成千上萬的排列組合，有許多的無能為力，當然也有許多情緒。社會情緒學習的相關研究最終探討的是幸福感，這超越實體環境

與條件的限制，強調的是寬恕與感恩的能力，因為這些能力帶給人類力量。

讓不好的就停在我們這一代，停在我這裡，或許可以是面對人世間紛擾時的心法，提醒自己看見生命中的喜悅，練習及時表達感謝和慶賀，就可以讓自己富足飽滿！大雨洗滌大地，可能帶走一些生命，但也帶來不同的生機，生生不息。

社會情緒學習讓我們更有能力和外在經驗連結，與內在覺察對話。讓我們真實的生命體驗隨時間產生複利的效果。讓自己成為有故事的人，在向外學習的同時也向內學習。

近年來校園內的情緒行為問題持續上升，無論是自傷、自殺、霸凌等問題層出不窮！網路科技帶來便利也同時讓人類的焦慮與壓力連帶上升，許多實體問題在上網過後就可能被無限放大。

這樣的狀態迫使全世界的政府不得不重新關心人類的核心能力，社會情緒學習的概念開始被全世界重視和推廣！透過自我覺察和自我管理，提升認知效率，能夠控制好情緒，進而進行系統思考；或是因著培養了同理心和社交技能，能夠理解別人、為別人著想。以上的結果，就能夠帶出明智的抉擇和行動，並有能力承擔行動後的結果！

丹尼爾．高曼和彼得．聖吉在十年前就開始提倡社會情緒學習的重要，美國至今有十六個州將其納入正式課程，英國、澳洲、新加坡都列為課綱中的必修課。OECD二〇三〇的學習羅盤提出，教育的最終目標是追求幸福與福祉，而社會情緒學習是這一代人追求幸福的關鍵能力。

從二〇一四年開始，因為在誠致教育基金會服務的關係，讓我有機會連續五年赴美取經，到教學的現場認識社會情緒學習，並於二〇一九年彙整相關概念及研究，融合自身教學輔導案例，完成《曲老師的情緒素養課》一書，提出臺灣本土化落實社會情緒學習的方法。

而當我在教學現場持續實踐社會情緒學習六年後，對SEL產生更突破性見解的當下，教育部將二〇二五年定為社會情緒學習元年，這是多麼有意義的巧合！期待本書能幫助所有人打開自我覺察的開關，邁向幸福美滿的人生！

國家圖書館出版品預行編目資料

SEL社會情緒學習力:曲老師的實踐經驗分享/曲智鑛著. -- 初版. -- 臺北市：商周出版：英屬蓋曼群島商家庭傳媒股份有限公司城邦分公司發行, 2025.08
面；　公分. -- (商周教育館；85)
ISBN 978-626-390-627-3(平裝)

1.CST: 情緒教育 2.CST: 情意教育 3.CST: 教學理論

521.18　　114009804

商周教育館 85

SEL社會情緒學習力——曲老師的實踐經驗分享

作　　者／曲智鑛
企劃選書／黃靖卉
責任編輯／黃靖卉

版　　權／吳亭儀、江欣瑜
行銷業務／周佑潔、林詩富、吳淑華、賴玉嵐
總 編 輯／黃靖卉
總 經 理／賈俊國
事業群總經理／黃淑貞
發 行 人／何飛鵬
法律顧問／元禾法律事務所 王子文律師
出　　版／商周出版
台北市115南港區昆陽街16號4樓
電話：(02) 25007008　傳真：(02)25007759
E-mail：bwp.service@cite.com.tw
發　　行／英屬蓋曼群島商家庭傳媒股份有限公司城邦分公司
台北市115南港區昆陽街16號8樓
書虫客服服務專線：02-25007718；25007719　24小時傳真專線：02-25001990；25001991
服務時間：週一至週五上午09:30-12:00；下午13:30-17:00
劃撥帳號：19863813；戶名：書虫股份有限公司
讀者服務信箱：service@readingclub.com.tw　城邦讀書花園 www.cite.com.tw
香港發行所／城邦（香港）出版集團有限公司
香港九龍土瓜灣道86號順聯工業大廈6樓A室_ E-mail : hkcite@biznetvigator.com
電話：(852) 25086231　傳真：(852) 25789337
馬新發行所／城邦（馬新）出版集團【Cite (M) Sdn Bhd】
41, Jalan Radin Anum, Bandar Baru Sri Petaling, 57000 Kuala Lumpur, Malaysia.
電話：(603) 90563833　傳真：(603) 90576622　Email：services@cite.my

封面設計／林曉涵
排版設計／林曉涵
印　　刷／中原造像股份有限公司
經 銷 商／聯合發行股份有限公司
新北市231新店區寶橋路235巷6弄6號2樓電話：(02) 29178022　傳真：(02) 29110053

■ 2025年8月28日初版一刷
Printed in Taiwan
定價420元

城邦讀書花園
www.cite.com.tw
 ISBN 978-626-390-627-3　eISBN 978-626-390-624-2 (EPUB)